重庆市教育科学规划课题　区域性推进"'学本式'卓越课堂"的实践研究
（批准号：2012-07-009）丛书之一

丛书主编　龚雄飞

Zhongxiaoxue Jiaoshi
Chengzhang Keyan Zhinan

中小学教师
成长科研指南

主　编　余华云

编　委　何晓波　罗咏梅　刘开文　李叶峰　卿凌

四川大学出版社

责任编辑：梁　平
责任校对：李金兰
封面设计：米茄设计工作室
责任印制：王　炜

图书在版编目(CIP)数据

中小学教师成长科研指南 / 余华云主编. 一成都：四川大学出版社，2014.6（2024.1重印）
（区域性推进“学本式”卓越课堂的实践研究丛书 / 龚雄飞主编）
ISBN 978-7-5614-7711-3

Ⅰ.①中… Ⅱ.①余… Ⅲ.①中小学-教师-教育研究-指南 Ⅳ.①G645.12-62

中国版本图书馆 CIP 数据核字（2014）第 112847 号

书名　**中小学教师成长科研指南**

主　　编　余华云
出　　版　四川大学出版社
地　　址　成都市一环路南一段 24 号 (610065)
发　　行　四川大学出版社
书　　号　ISBN 978-7-5614-7711-3
印　　刷　重庆市沙坪坝区教师进修学校印刷厂
成品尺寸　170 mm×240 mm
印　　张　13.75
字　　数　280 千字
版　　次　2014 年 7 月第 1 版
印　　次　2024 年 1 月第 2 次印刷
定　　价　38.00 元

◆读者邮购本书，请与本社发行科联系。
电话：(028)85408408/(028)85401670/(028)85408023　邮政编码：610065
◆本社图书如有印装质量问题，请寄回出版社调换。
◆网址：http://www.scup.cn

写在前面的话

沙坪坝区是重庆市的科教文化中心区，素有群众性教育科研的优良传统。从20世纪90年代开始，我区先后以目标教学、校本教研与教学优质化、教师选拔培训管理、特色学校建设、教育内涵式均衡发展等国家和市级课题为载体，不断促进区域教育的改革与发展。

2009年底，全区确立了以教育内涵式均衡发展促进现代化教育强区建设的发展道路。站在新的历史起点上，如何有效提升中小学教育科研的内涵，成为亟待区域教育科研管理工作者研究解决的重大问题。

经过近两年的调研与论证，我们认为中小学教育科研的主要特点是群众性、实践性、实效性，应该贴近一线教师、突出行动研究、促进教师发展。为此，从2011年开始，全区开始了中小学教师成长科研的实践探索。

如今，由沙坪坝区教师进修学院科研中心同仁携全区中小学教师共同完成的、具有本土色彩的行动研究——中小学教师成长科研，历经三载，散发着泥土的芳香，终于走上了案头。取名“指南”，与其说是为即将从事成长课题研究的教师提供参考，不如说是反思过去教育科研的追梦之路。

本书是“区域性学本式卓越课堂的实践研究”课题系列成果之一，一共分为五章。第一章绪论，总揽全书，阐述了成长科研是什么、为什么和怎么做；第二章管理指要，分述了区域、学校、课题组对成长科研的管理和运行机制；第三章方法遴选，列举了适合成长科研的几种常用研究方法，并附案例予以说明；第四章流程导引，从课题研究的设计、实施、总结三大环节，力求提供过程性操作规范；第五章报告撰写，旨在提供开题报告、结题报告的规范要求。

我们深知，沙坪坝区教育科研的每一个细微进步，都凝聚了市区领导、科研院所专家的心血，都离不开区教委领导的重视和相关科室的支持，都饱含着全区中小学干部教师的汗水。正因为有了他们的悉心关怀、大力支持乃至亲身参与，才孕育出了中小学教师成长科研这一朵小花。我们深信，全区中小学干部教师一定会进一步增强教育科研的意识和能力，积极投身到"'学本式'卓越课堂行动"之中，科学解决课程教学改革中遇到的困难和问题，加快提升学校的文化品质，为每一个学生的全面发展和健康成长做出更大贡献。

感谢所有给予沙坪坝区教育科研发展以鼓励、支持和包容的人！

编　者

2014 年 6 月 25 日

目　录

第一章　绪　论

本章对沙坪坝区开展教师成长科研的实践探索作了概括性梳理，目的是让读者系统性地把握全书的主要内容。本章共分三节：第一节是价值论，从现实背景、政策背景和理论背景三个维度，说明为什么要提出教师成长科研；第二节是认识论，在厘清科研、教育科研、教师专业成长三个概念的基础上，界定什么是教师成长科研；第三节是方法论，从顶层设计、操作策略、实践成效三个方面，阐述我区怎样开展教师成长科研。

第一节　问题提出

促进中小学教育科研的创新发展是区域教育科研管理工作者的重要职责。20 世纪德国哲学大师海德格尔说过："任何发问都是一种寻求。任何寻求都有从它所寻求的东西方面而来的事先引导。"我们提出教师成长科研这个问题，就是要寻求区域中小学教育科研的创新路径。而对于这一寻求的事先引导，来自于我们对新时期沙坪坝区中小学教育科研的背景分析。

一、现实背景

现实背景是激发实践主体开展实践行动的内在动机。沙坪坝区是重庆市传统的科教文化中心区，历来重视教育科研的先导地位和引领作用。早在 20 世纪 90 年代，我区就以市级课题"目标教学常规管理体系研究"为载体，以目标导教、导学、导管，大面积提高了中小学教育质量，赢得了在全国目标教学研究领域的话语权。国家新课程改革启动以后，我区先后以市级课题"校本教研与教学优质化研究""中小学教师 STM（选拔培训管理）体系研究"、区级项目"特色学校建设工程""深化课堂教学改革"、国家级课题"区域性推进内涵式均衡发展实践研究”为龙头，引领中小学内涵发展和特色发展，相关研究成果获得了教育部、市政府、市教委奖励。2009年前后，在全区中小学办学条件基本均衡的背景下，区教委确立了在重庆市率先建成现代化教育强区的战略目标，启动了教育内涵发展三年规划。教育科研既是促进教育内涵发展的重要引擎，又是内涵发展的核心内涵。通过广泛深入调研，我们发现我区中小学教育科研工作还有不少问题亟待改进，如：保障系统中的组织不健全、制度不优、投入不足，课题立项中的行政主导、攀龙附凤、问题空泛，研究过程中的脱离实际、忽视管理、欠缺能力，课题结题中的主研人员名不副实、研究成果不可推广、研究成果束之高阁等。产生这些问题的原因，主要有认识浅表化、价值功利化、研究形式化等。在新的教育发展背景下，中小学教育科研如何在传承的基础上创新发展，加快成为广大教师专业成长和学校内涵发展的推进器，是摆在我们教育科研管理工作者面前的重大而又紧迫的问题。

二、政策背景

政策背景是促使实践主体开展实践行动的外部要求。《教育法》第11条中“国家支持、鼓励和组织教育科学研究，推广教育科学研究成果，促进教育质量提高”，肯定了开展教育科研与提高教育质量的关联性，维护了全国、省（直辖市）、区县教育科学规划领导小组及其办公室等教育科研组织管理机构的稳定性和相关制度的合法性，表明了中小学建立教育科研管理机构、开展教育科研活动的必要性。《教师法》第7条“教师享有下列权利：（一）进行教育教学活动，开展教育教学改革和实验；（二）从事科学研究、学术交流，参加专业的学术团体，在学术活动中充分发表意见”，规定了参与教育科学研究是中小学教师应有的权利。《国家中长期教育改革和发展规划纲要（2010—2020）》第55条“……创造有利条件，鼓励教师和校长在实践中大胆探索，创新教育思想、教育模式和教育方法，形成教学特色和风格，造就一批教育家，倡导教育家办学”，为新时期区域教育科研的改革与发展指明了方向。教育部颁发的《教师专业标准（2012）》，对中学、小学、幼儿园教师的专业能力提出了统一要求：“针对教育教学工作中的现实需要与问题，进行探索和研究。”明确把开展教育科研作为中学、小学、幼儿园教师的专业能力范畴。《中小学教师继续教育规定》第8条“中小学教师继续教育的内容主要包括：思想政治教育和师德修养……教育科学研究……现代科技与人文社会科学知识”，首次把教育科研纳入中小学教师继续教育的主要内容。《重庆市中长期城乡教育改革和发展规划纲要》第五章“鼓励教师开展教育科学研究，探索教育教学规律，创新教育教学模式和方法”，表明了省级人民政府对教师开展教育科研的积极态度，指出了教师开展教育科学研究的价值取向。中小学教育科学研究相关法律政策的出台，从制度层面确立了开展教育科研促进教师专业成长的逻辑性和强制性。

三、理论背景

理论背景是引导实践主体开展实践行动的逻辑理由。我们提出中小学教育科研要坚持促进教师专业发展的价值取向，主要有七个方面的理论背景。

（一）人性论

人性是指人类独有的本性特点。近代哲学认为，人是按照自己的自由意志独立自主地思考和行动的“主体性的人”，自主、主动和创造是人的本质特征。现代哲学指出，人是在与他人平等地交往、对话过程中实现经验、精神、意义和智慧成长的“主体间性的人”，对话、合作、交往是人的本质特征。主体间性不是反主体性，而是对主体性的扬弃。主体间性首先涉及人的生存本质，生存不是主客二分基础上主体征服、构造客体，而是自我主体与对象主体的交互活动。主体间性还涉及自我与他人、个体与社会的关系，主体间性不是把自我看作原子式的个体，而是看作与其他主体的共在。马克思主义认识论认为：人具有自然属性和社会属性，两者统一于人之中，是客观存在的；自然属性是社会属性赖以生存的基础，社会属性制约着自然属性；人的本质是一切社会关系的总和，社会性是人的本质属性。上述观点说明，促进教师专业成长应该破除孤立和封闭，在交互共同体中实现主体间的共生共长。

（二）知识观

知识是人们在实践中获得的系统化经验。传统知识观将知识作为人们对世界的认识成果，强调知识的静态性质；在关于知识的价值方面，有一定的等级观念；把知识视为继承、接受、消化的过程，忽视知识的创新过程。现代知识观则认为，知识具有建构性、社会性、情境性、默会性、复杂性等特征。因此，促进教师专业成长需要基于教师已有经验，通过自主建构，发展出属于自己的“实践性知识”，实现“主体性发展”；积极参与专业团体的互动、对话和分享，实现“交往性发展”；将专业发展浸润于丰富的、真实的教学实践和学校情境中，实现“情境性发展”；善于总结、提炼，外化“默会性知识”，实现“个性化发展”；不断拓展知识的高度、宽度和深度，实现“综合性发展”。

（三）学习型组织理论

学习型组织理论认为，学习型组织是一个不断创新改变的组织。在学习型组织中，个体不断突破自己的能力上限，创造真心向往的结果，培养全新、前瞻、开阔的思维方式，不断学习如何共同学习，全力实现共同的抱负。因此，促进教师专业成长需要教师摈弃故步自封的思想，在民主、平等、开放、包容的学习型共同体中终身学习，成为全面发展的人，即具有科学精神、掌握科学方法的人，具有探索精神、积极从事创造性工作的人，愿意承担社会义务、具备公民美德的人，体力、智力、情感和道德得到充分发展的人。

（四）成人学习理论

美国“成人教育之父”马尔科姆·诺尔斯在1967年提出“成人教育学”概念。他将成人与儿童作了比较，发现两者之间存在着极大的差异，指出了成人学习的四大特点。一是学习心理倾向是自主学习。随着个体的不断成熟，其自我概念将从依赖型人格向独立型人格转化。二是学习认知过程以经验学习为主。成人在社会生活中积累的经验为成人学习提供了丰富的资源。三是学习任务是完善社会角色。成人的学习计划、学习内容与学习方法，与其社会角色任务密切相关。四是学习目的是解决问题。随着个体的不断成熟，学习目的逐渐从为将来工作储备知识，转变为直接应用知识而学习。因此，促进教师专业成长需要充分考虑成人学习的特点，采取恰当的培养途径和策略。

（五）教师生涯发展理论

美国学者司德菲依据人文心理学派的自我实现理论，提出了教师生涯发展模式，并将教师专业成长分为五个阶段：一是预备生涯阶段。这个阶段主要包括新进的教师，或是重新任职的教师。新进的教师通常需要三年的时间才会进展到下一个阶段。在此阶段的教师具有理想主义、有活力、富创意、接纳新观念、积极进取等特征。二是成熟生涯阶段。这一阶段的教师具有多种科目的任教能力、知识及任教经验，同时拥有多方面的信息来源，知道如何有效地进行班级经营和时间管理，达成自我实现的目的。三是退缩生涯阶段。处于初期退缩阶段的教师，大都沉默寡言、跟随别人、消极行事、因循守旧；处于持续退缩阶段的教师，表现出倦怠感，经常批评学校、同事、家长、学生，甚至教育主管部门；处于深度退缩阶段的教师，对教学显得无能为力，甚至伤害到学生，但他们并不认为自己有这些缺点，具有很强的防卫心理。四是更新生涯阶段。这一阶段的教师对职业倦怠采取积极的回应方式，如参加研习、选修课程或加入专业组织，致力于追求专业成长，吸收新的教学知识。五是退出生涯阶段。这个阶段的教师大都到了退休年龄，或由于其他原因离开教师岗位，不再过问教育界的事情，把重点放在了对未来新事业的生涯规划上。可见，促进教师专业成长，需要明确教师生涯发展阶段，采取分类、分层策略予以推进。

（六）教师专业发展理论

教师专业发展是指教师专业知识、专业技能和专业情意的成长、成熟过程。教师专业发展主要有“外控式”和“内生式”两种范式，呈现由“外控式”向“内生式”的发展走向。一是“外控式”。如将专家教师和一般教师进行比较，挖掘专家教师所具备的特质，认为专家教师的特质可以传递给一般教师，使其获得专业发展，进而成为优秀教师；用实证主义的方式考核教师的教学技能技巧；构建一种自上而下的专家课程，以确保统一的教学标准，教师只能遵照执行，无权自己开发课程。二是“内生式”。如斯腾豪斯理论认为教师是“研究型实践者”，通过教师自身的实践活动，不断地对自己的理论进行检验、修正和完善。埃利奥特主张让教师成为“行动研究者”，针对某些实际问题，在解决问题的过程中不断进行自我监控、评价，从而修正、改进和提高自己的理论。凯米斯主张让教师成为“解放性行动研究者”，通过外来专家的帮助，形成自己的研究共同体，并由教师共同体来引导他们不断地进行自我反思，调整教育实践。舍恩认为教师是“反思性实践者”，教师的教学艺术体现在运用直觉、类比、隐喻，而非普遍规则来处理教育教学中的实际问题，需要以实践为导向来发展教师；认为只有采取反省式的探询方式，超越传统的局限，才有希望建立一种具有潜在的变化、可以解决社会问题的教育；教师的教育反思过程主要包括积累经验、观察分析、重新概括、积极验证四个环节，教师对教育实践的反思是一个循环往复、螺旋上升的过程，在这一过程中教师的实践能力不断获得发展。教师专业发展理论告诉我们，只有激活教师专业发展的内在需求，才能有效促进教师的专业成长。

（七）教育科研价值论

教育科学在传统上归属为社会科学。教育科学研究主要包括理论研究和实践研究。前者关注教育理论的构建、修正或补充，后者突出教育理论的应用与开发。教育研究一般采取经验研究方法，即基于经验材料建构关于事物发展机理的理论解释，并将理论诉诸实践检验的研究活动。经验研究方法包括“实证”经验研究方法和“解释”经验研究方法。前者强调假说基础上的实践验证，后者突出观察基础上的理论解释。教育研究的表达方式，可以分为诗歌、对话集、语录、书信、日志、小说、散文、散笔、传记等文学性表达，又可用理性思辨、精确量化的“真理符合论”进行科学性表达。以课题研究为载体，让广大教师发现、提出、分析、解决教育教学中遇到的实际问题，让每一个学生都获得全面发展，是中小学教育科研的核心价值。中小学教育科研是一种草根性、应用性、行动性研究，理应成为促进教师专业发展的引擎。

第二节 概念界定

从逻辑学角度看，概念是客观事物在人脑中的主观反映。对于客观事物而言，任何我们不知道、想知道、有意义的探究性问题，只有上升到概念层面，厘清概念的内涵和特征，才有可能被主体认识和把握。教师成长科研的概念是什么？通过三年多的探索实践，我们在厘清科研、教育科研、教师成长等核心概念基础上，尝试给出一个本土化界定。

一、科研

科研是科学研究的简称。科，有分类、条理、项目之意。学，指知识、学问。科学一词源于古汉语，原意为“科举之学”。近代日本翻译英文 science 时，引用了中国古汉语的“科学”一词，意为各种不同类型的知识和学问，是对一定条件下物质变化规律的总结。可见，科学原指对应于自然领域的知识，如自然科学，后经扩展、引用至社会、思维等领域，如社会科学、思维科学。凡称之为科学的东西，应该具有可重复验证、可证伪、自身没有矛盾等特点。按研究对象的不同，可分为自然科学、社会科学和思维科学，以及贯穿于三个领域的哲学和数学。简单地说，科学是如实反映客观事物固有规律的系统知识。研，与“砚”同义，有研磨、捣碎之意，引申为深入地探求。究，与“九”同音，有终点、穷尽之意，引申为追查、探求。所谓研究，就是指运用科学的方法探求问题答案的活动。可见，科研是指运用科学的方法探求反映自然、社会、思维等客观规律的创造性认识和实践活动。

二、教育科研

20 世纪以前，西方主流教育理论认为教学是艺术。20 世纪以来，在受美国实用主义哲学和行为主义心理学影响的教学效能核定之后，西方掀起了教育科学化运动。人们逐渐认识到教育也是科学，并开始关注教育的哲学、心理学、社会学等理论基础，以及如何用观察、实验等科学方法来研究教育现象和问题。教育科研是教育科学研究的简称，是指人们以教育科学理论和方法为武器，以教育领域中发生的现象和问题为对象，以探索现象和问题背后的教育规律为目的的创造性认识和实践活动。教育科学研究具有如下几个特点：一是目的性。探索更科学、更合理的教育规律和方法，促进学生主动学习、活泼发展。二是科学性。理论依据科学，研究方法科学，研究过程科学，研究结论科学。三是问题性。研究的过程就是发现问题、提出问题、分析问题、解决问题的过程。四是创新性。提出创造性猜想与假说，不受制于某种理论或方法，得出前人从未提出过的观点或方法。五是实效性。研究与工作紧密结合，有效解决工作中的实际问题。六是群众性。专业理论队伍、教育行政人员、校长和广大教师共同参与。一般而言，教育科学研究分为理论、应用和开发研究。具体而言，根据研究的层次可分为宏观研究、中观研究、微观研究，根据研究的性质可分为定量研究、定性研究，根据研究的对象可分为专业研究、行动研究。教育科学研究常用方法有文献法、观察法、调查法、叙事研究法、个案研究法、比较法、实验法、行动研究法。教育科学研究的一般过程包括选择课题、查阅文献、制订研究方案、实施研究方案、收集和整理资料、分析资料、撰写报告。

三、教师专业成长

从广义的角度说，教师专业成长与教师专业化的概念是相通的，均指教师专业结构不断完善的过程。但从狭义的角度说，二者还是有一定的区别。前者更多是从社会学角度加以考虑的，主要强调教师群体的、外在的专业性提升；后者主要是从教育学维度加以界定的，主要指教师个体的、内在的专业化提高。教师专业成长可理解为教师个体的专业理念与师德、专业知识、专业能力不断成熟、不断提升、不断创新的过程。教师的专业成长具有发展的终身性、自主性、阶段性、连续性、丰富性等特点，包含专业理念与师德、专业知识、专业能力等内容。

综上所述，我们认为，教师成长科研是指教师团队以教育教学实践中遇到的实际问题为课题，运用教育科学理论和方法，在较短时间内协同研究，研究结论能有效解决教育教学实际问题的教育实践和认识活动。教师成长科研的特征：一是真，研究问题客观，研究过程真实，研究结论可靠；二是小，研究范围窄小，研究内容单一，研究方法简单；三是活，自建队伍，自定课题，自选周期，自主活动；四是简，贴近教师实际，简化繁琐程序，关注解决策略，坚持宽进严出；五是实，研究过程扎实，研究结论对解决教育教学实际问题、促进自身成长和学生发展有实际效果。教师成长科研的价值取向：一是问题，即课题。来自于教师教育教学现场的不知道、想知道、有意义的问题，都可成为课题。二是行动，即研究。围绕教育教学实际问题所进行的学习、计划、实施、反思等行动，都可作为课题研究活动。三是成长，即成果。不过分追求论著、论文、报告等课题性研究成果，重点关注在课题研究过程中专业理念、专业知识、专业能力的提升和师德的培养。

第三节 实践探索

从科学研究的视角来看，未经实践检验的任何概念、判断、推论都是假设。简言之，实践才是检验真理的唯一标准。提出教师成长科研三年来，我们在探索实践中深化认识，逐步消除了以教师成长科研促进中小学教育科研创新发展的认知困惑。总结这三年多的实践历程，我们的主要做法集中体现在顶层设计、操作策略、实践实效三个方面。

一、顶层设计

教师成长科研首先需做好区校联动的顶层设计，主要体现在三个方面：一是全区统筹。我们将教师成长科研纳入《沙坪坝区教育科研“十二五”发展规划》，明确全区教育科研要成为促进教师专业成长、学校内涵发展的重要地位；通过制发《沙坪坝区中小学“教师成长课题”实施规程》，规定全区、学校和教师的责、权、利；通过印发《沙坪坝区中小学“教师成长课题”申报书》《沙坪坝区中小学“教师成长课题”过程活动记录》《沙坪坝区中小学“教师成长课题”评审报告书》，规范研究程序；通过持续举办成长科研课题负责人培训班，壮大教育科研骨干队伍；通过建立年度先进个人和优秀成果奖励办法，激发教师的参与热情。二是学校主管。学校是本校教师成长科研课题的主要管理者，负责抓好课题论证、申报、开题、检查、结题、推广、保障等工作，及时向区教育科学规划办公室上传研究活动电子文档和研究成果，主动引导教师走上教育研究的道路，在教育教学问题的解决中实现共生共长。三是组内自主。课题组组长是课题管理的第一责任人，负责做好课题的全员、全程、全面管理工作，力争实现研究结论可推广、学生发展见成效和教师成长有证据。

二、操作策略

教师成长科研不断创新以师为本的操作策略，主要包括如下八个方面：一是降低申报条件。全区所有体制的中学、小学、幼儿园教师，只要具备小学高级及其以上、中学中级及其以上职称，都可参加区级教师成长课题申报。二是精简研究人员。课题组成员不一定必须有 7 人，可以是 5 人、3 人，甚至可以是 1 人（教师个人课题）。三是简化申报程序。删减标准规划课题申报书的有关项目，减少字数要求，围绕教育教学中的实际问题，重点阐述“为什么”“是什么”“怎么做”等要素。四是缩短研究周期。将课题研究周期缩短为一年或两年，未完成任务的可以申请延长，强调解决问题的短、平、快。五是放宽准入条件。只要符合条件的研究，都可以获准区级教师成长课题立项。六是加强过程管理。学校严格计划、实施、检查、总结诸环节，及时向区里上传简讯，区里主要采取过程调研方式进行指导。七是注重教师培训。抢抓申报、中期调研、结题等重要环节，区里开办课题负责人培训，学校做好主研人员培训。八是严格结题程序。从规范性、科学性、创新性、成长性四个维度，构建区级教师成长课题评价指导标准；中小学参照全区标准创造性制定学校评价标准，对本校拟结题的课题实施集体评审，给出等级初评意见，并将获得合格及其以上等级的课题报送至区教育科学规划办公室；区教育科学规划办公室组织评审专家对学校初评结果进行复评，对确认合格等级以上的课题制发结题证书，对不合格的课题提出改进意见并建议延期研究；获得优秀等级的作为评选年度优秀成果和先进个人的重要依据。

三、实践成效

三年来，我们以放大教育科研对课题研究者的自我培训功能为出发点，以动员和组织中小学教师立足教师教育教学实际，广泛开展田野研究，有效解决课堂教学中的实际问题为重点，以增强广大教师求真务实、开拓创新的科研意识，提高其发现问题、提出问题、分析问题、解决问题的能力为目标，求真务实，扎实工作，教师成长科研实践取得明显成效。一是优化了研究生态。三年来，全区中小学共申请立项教师成长课题710个，申报范围涉及所有中小学，研究内容几乎涵盖教育教学所有领域，参研教师近2000名，占全区教师总人数的近1/2。不少教师是首次担任课题主持人或主研人员，他们不仅从研究中获得了专业发展，而且还带动了更多的教师参与到群众性教育科研活动中来，共同支撑起区域教育科学发展的良好局面。二是完善了管理机制。通过三年来的探索实践，我们初步构建起全区统筹、学校主管、组内自主的教师成长科研管理机制，基本厘清了全区、学校、课题组的责、权、利，三方既各司其职，又协同配合，确保教师成长课题研究的规范性、价值性、科学性、创新性和成效性。三是促进了教师成长。在教师成长课题管理过程中，不少学校的教育科研管理者提升了管理水平和研究能力，成长为更高级别的管理干部。课题组成员以课题研究为载体，通过专业引领、同伴互助和个人反思，不仅找到了解决教育教学实际问题的方法，而且提高了专业知识、能力。四是催生了研究成果。三年来，全区共有316个教师成长课题申请结题，不断涌现可资推广的问题解决途径和策略，公开出版教育教学专著7部，公开发表论文281篇。在2013年重庆市政府第二届教学成果奖评选中，沙坪坝区获得一等奖3名、二等奖5名、三等奖1名，整体水平名列全市领先地位。

第二章　管理指要

本章从区域、学校、教师三个主体的角度谈对教师成长课题的管理理念、管理策略以及管理取得的实效，以便学校、教师对教师成长课题管理的规范要求有全面的了解。为了体现整体性、差异性，本章第二节和第三节专门列举了幼儿园、小学、初中、高中学校层面和教师成长课题组层面对教师成长课题管理的经验样本，以增强对教师成长课题自我管理的主体意识和责任意识。

第一节　区域管理

一、基本认识

实施教师成长课题，是推进我区教育科研接地气的一项重要行动。教师成长课题能够比较好地激活教师的创造热情，解决教师专业发展中外在促进与内在主动的矛盾。教师成长课题定位于群众课题，其基本定位为问题即课题，行动即研究，成长即成果。如何管理教师成长课题，引领教师在课堂中研究，把研究植根于学科，让教师在研究中成长，区域管理的基本理念就是服务，就是帮助教师成长，就是要始终围绕促进教师的专业自主成长的目标，落实课题管理任务，做好计划、组织、实施、检查等四个层面的具体工作，为此，我们提出了“三主”管理原则，即区教师进修学院科研中心主导，管理任务为宣传发动，统筹规划，制定实施规程，组织成果申报，进行学术引领，推广优秀成果；各中小学校教科室主管，管理的主要职责是设立管理机构，健全管理制度，提供研究经费，促进学习交流，组织研究活动，实施调控评价；教师成长课题组担任主研责任，树立“自加压力，自定目标，自主研究，自我发展”的理念，负责设计课题方案，调控课题研究进程，按期完成研究任务。区科研中心、学校教科室、教师成长课题组三位一体联合行动，各施其则，各尽其能，实现对教师成长课题的全面管理，提升管理质量。

二、主要做法

（一）降低申报条件，让教师“进得来”

教师成长课题既然是一线教师针对自己教育教学中迫切需要解决的问题为研究对象，因此，教师成长课题的承担者、主持人、研究者要由以学校领导为中心转向以一线教师为主体；课题申报人的条件要能满足广大的一线教师，面向教学一线的中青年教师、市区骨干教师；选题指南设计要由关注学校综合发展、全面发展转向基于一线教师在课堂教学中遇到的真问题、小问题、新问题，比如：基于自己的教学对象、自己的教学困惑、自己的课堂现状，基于教师个人专业成长的案例，等等；研究团队人数规定应该区别于市区教育科学规划课题7人组成的要求，应该鼓励教师组建三五成群的研究小团队，便于针对小问题，集中时间、集中精力开展小研究，解决小问题，形成小经验、小策略；研究周期根据研究问题的大小，恰当预设，短则一学年，长则不超过两学年。

降低课题申报条件，为一线教师打开了课题研究的大门，让更多的教师自愿、自觉地加入有计划的课题研究行动中，开始以自己教育教学问题为研究对象的教师成长课题研究之旅程，让课题研究成为教师个人专业成长的重要途径。

（二）提供专业支持，让教师“研起来”

在教师成长课题研究的管理中，课题研究的申报、立项、实施、总结等各个环节要始终围绕促进教师的自主专业成长的目标，为教师提供科研专业知识，帮助教师有效地践行科研行动，探索解决教育教学中的问题，提高研究质量。

发挥区域主导作用，为课题研究提供技术服务，让教师“研起来”。

1. 宣传发动

每年的三月，是我区教育科学规划“教师成长课题”申报时间，区科研中心、各学校教科室要分别组织教师学习《沙坪坝区教育科学规划“教师成长课题”实施规程》（附后），要让教师们知道教师成长课题是什么、为什么要做教师成长课题、应该怎么做教师成长课题，认识到教师成长课题对自己专业成长的重大作用，唤起教师想做课题研究的强烈愿望。

2. 开展面对面辅导

针对教师申报的课题，区科研中心要集中我区市、区科研骨干教师力量，分成若干小组对课题申报人开展面对面的辅导。这些辅导有申报技术问题、有命题表述比较、有研究方案撰写、有研究方法指导、有研究经验分享等，通过面对面辅导，让课题申报人对自己的选题再反思，再学习，再论证，在此基础上，再组织第二次申报。这为较好地做好课题研究顶层设计和后续研究打下了基础。

3. 开办培训班

每年的寒暑假放假前，我们要通过举办"教师成长课题负责人培训班"，对课题负责人进行科研理念、方法、过程管理的系统培训。培训课程的设置，按照课题研究的阶段任务要求，分为理论学习、方法策略、文案写作三个模块（见表2—1），从而丰富研究者的科研知识，提升科研实践能力。

表2—1　2014年沙坪坝区中小学教师成长课题负责人寒假集中培训课程表

时间		课程内容	地点	主持/主讲人
1月18日（星期六）	上午9：00—12：00	成长科研——引领教师专业自觉发展	二楼多功能厅	余华云（学院副院长）
	下午2：00—5：00	教师成长课题经验提升——论文写作指导	二楼多功能厅	李叶峰（学院科研部教研员）
1月19日（星期日）	上午9：00—12：00	课题研究方案的完善、中期研究报告、结题报告撰写指导	二楼多功能厅	何晓波（学院科研部主任、中学研究员级教师）
	下午2：00—5：00	学员完善课题研究方案、撰写课题研究中期报告	学员所在学校	罗咏梅（学院科研部教研员）
1月20日（星期一）	上午9：00—12：00	成长课题成果与学校特色课程建设探析	二楼多功能厅	刘开文（学院科研部教研员）
	下午2：00—5：00	1. 我的课题我做主（一） 2. 课题研究后期计划制订、资料管理及结果申报指导	二楼多功能厅	黄艳君（西永小学音乐高级教师） 罗咏梅（学院科研部教研员）
1月21日（星期二）	上午9：00—12：00	1. 我的课题我做主（二） 2. 指导学员制订后期课题研究计划 3. 写培训感言、培训总结	二楼多功能厅	王中群（西永中学英语高级教师） 罗咏梅
	下午2：00—5：00	1. 小组交流、展示，点评提升 2. 培训总结	二楼多功能厅	罗咏梅

4. 研教联动，专业引领

教师成长课题的选题，源于学科的、班队活动的问题居多，因此在研究行动中需要有专家跟踪检查和指导，帮助教师及时调整操作设计，让研究走向深入。如有一些英语教师选择英语阅读课（词汇课、写作课）的教学目标作为研究课题，我区初中英语教研员就将此课题研究的目标、任务纳入常态教研活动中，进行跟踪检查指导，研究效果非常好，英语教师团队的专业素养得到显著提升。

5. 开发管理工具

课题研究有严格的管理要求，教师自主管理课题的好坏直接影响到研究的质量。为此，我们为教师做课题开发设计了“教师成长课题手册”，包括课题研究设计（课题方案）、课题研究计划、学习读书笔记、课题研究过程记录、课题典型案例、课题成果总结等。我们想通过有形的管理手册陪伴教师做课题，让课题过程管理规范，最终实现“自加压力，自定目标，自主研究，自我发展”，让实践与研究同行，使教师扎根课堂，勤于笔耕，勇于实践，催生文化自觉。

（三）推广优秀成果，让教师“亮起来”

1. 在日常调研中发现优秀成果，让教师“亮起来”

教师经历课题研究，是一个自我改进、自我发展、自我完善的过程。教师在研究中成长了，自身的教学问题解决了，这是教师成长的显著标志。因此，我们通过区域层面的过程调研，到研究现场与教师沟通交流，同时特别关汴教师研究课题的典型案例，发现成功经验，及时组织现场交流活动，推介这些课题研究的负责人由主研教师宣讲自己的研究故事，让这些教师和他们所做的课题一起“亮起来”，也让更多的教师分享其研究方法、管理策略。比如，西永中学英语教师王中群老师，在主持研究的成长课题《义务教育阶段初中英语词汇听说课教学目标的制订与实施研究》中，课题管理规范，研究过程计划性强，研究任务具体务实，研究方法科学有效，在课题研究的第一年，学生英语学习效果好，教师专业实践能力迅速提升，在区市同类学校中产生了一定影响。我们就利用寒暑假举办的“教师成长课题负责人培训班”这个平台，让王老师给更多的课题负责人宣讲研究故事，介绍管理经验。我们还利用网络平台，开辟教师成长课题研究经验分享的另一通道，让更多的教师成长课题组的课题管理经验、研究成果“亮起来”。

2. 举办一年一次的表彰活动，激励先进，让成果亮起来

为深入推动教师成长课题这项群众性科研活动，促进教师专业自觉发展，及时宣传、推广一线教师在教育教学改革中取得的优秀科研成果，从 2012 年起，我们对教师成长课题的优秀成果进行一年一次的表彰。此项行动，已经纳入《沙坪坝区教育科学规划课题管理办法》，形成制度，以保障教师的研究成果得到认可，教师的专业自觉成长得到可持续发展，从而催生教师的文化自觉，创生一批有质量、有价值，能解决教育教学实际问题的真、小、实、新的教育教学经验，成就一批有研究水平、有实践智慧的优秀教师团队。

教师成长课题优秀成果申报有严格的申报程序和标准。首先是这些课题必须是学校评审组按照《沙坪坝区教育科学规划教师成长课题结题评审标准及操作办法》进行现场评审同意结题，并得到区教育科学研究所组织专家复评，通

过成果鉴定的课题。然后是课题负责人主动申报，提交课题研究结题报告等重要课题成果资料，最后经过区教科所组织相关专家进行初评、复评，评出优秀成果特等奖及一、二、三等奖若干。区教委对获奖的优秀成果进行现场表彰，给予获奖的课题组精神和物质奖励。我们对获奖的优秀成果结集出版，在全区范围内宣传推广，激励教师不断研究、不断改进、不断发展。

三、基本效果

一个课题培养一支教师队伍，一个课题引领一段精彩人生。教师成长课题研究行动虽然只有三年时间，但是发展态势良好。课题管理逐步规范，宽进严出，目标责任制的管理机制已经建立。各中小学校领导和教师思想重视，研究主动，以通过教师成长课题成就自我为己任，产生了绵绵不尽的研究动力，从而实现了自觉成长。

2011—2013 年研究课题情况见表 2－2。

表 2－2　2011—2013 年研究课题情况

时间	申报数	2012 年结题	2013 年结题	终止研究	在研课题	备注
2011 年	286	122	109	55		
2012 年	151		85		66	
2013 年	273				273	
合计	710	122	194	55	339	

（一）建立完善教师成长课题管理制度，形成长效机制

区教育科学规划办先后制定了《沙坪坝区教育科学规划教师成长课题实施规程》，编制了《沙坪坝区教育科学规划教师成长课题管理手册》，制定了《沙坪坝区教育科学规划中小学“教师成长课题”结题标准及操作方法》（试用），为区、学校、教师个人开展教师成长课题研究与管理工作提供了基本的行动规范。

（二）教师成长课题走进了教师的生活，引领教师专业自觉成长，促进学校研究文化建设

教师成长课题揭开了教育科研的“神秘面纱”，为我区广大干部和教师所认同，教师们在实践中探索课堂转型的策略，大力开展实证研究，把课堂变成实验室，聚焦工作中的问题研究，做到工作研究化，研究生活化，自觉反思、自主学习、自发探究、自信表达，提升研究水平，拓展专业智慧，让课堂充满别样的精彩，实现从自我发觉到自我超越的转变，促进了学校研究文化的建设。

我们相信，在区域规范管理引导下，只要学校科研机构与教师成长课题组

主体的责任到位，教师成长课题研究一定会结出丰硕的果实，为推进区域基础教育内涵式均衡发展，为学本式卓越课堂建设，为全面提高教育教学质量做出实实在在的贡献。

第二节　学校管理

学校是我区教育科学规划“教师成长课题”管理的主要责任单位。学校对教师成长课题与教师专业发展的关联性认识有高度、理解有深度，其管理才有力度和效度。本节内容选取沙坪坝区实验幼儿园、树人小学、西永中学以及重庆七中四所不同类型、不同层次学校对教师成长课题管理的样本，深入交流探讨学校如何做到主动管理、规范管理、有效管理教师成长课题，以突破教师专业发展遇到的瓶颈，促进学校研修文化建设。

权利与义务并存
——关于成长课题管理的思考

沙坪坝区实验幼儿园　周　丽　肖甜甜

“基础＋特色”的教师研训目标一直影响着实验园教师的专业成长。区成长课题将幼儿园纳入管理后，更是为教师扎实基础、形成特色搭建了平台，给予了保障，这无疑是教师成长的一种“福利”！幼儿园作为成长课题督导管理的负责人，在帮助教师获取“福利”的同时不断完善成长课题管理制度，鼓励教师积极参与自主研修，重视激发教师成长内需，以多效结合的管理方式履行着成长课题管理的权利和义务。

一、收放适度，诠释权利和义务

（一）制度保障，体现“收”

教师成长课题是由区教科中心主导、学校主管、教师主研的一种新型课题研究模式，为保障成长课题实施的规范性和科学性，在深入学习了《沙坪坝区中小学“教师成长课题”管理规程》后，我们根据本园实际情况制定了《沙区实验幼儿园“教师成长课题”管理办法》，并构建起“1＋N”的成长课题管理模式。“1”即组建了一个以园长为首、市区骨干教师为主的成长课题管理小组，明确各成员的管理职责，从课题审核到研究导向，从教师培训到资料管理，每项工作都落实到位，利用团队管理的优势，将专业引领与日常管理合二为一。“N”即幼儿园为成长课题设立的多项经费保障，包括专项购书经费、研究活动经费、科研成果奖励及优秀科研人员奖励等内容，有效的激励机制极大地调动了老师们的参研热情，为推进我园教师成长课题的开展奠定了坚实的基础。

（二）退位支持，突显“放”

成长课题是针对老师自身问题而开展的小课题研究，其研究内容具有特殊性及个别性，对于成长课题的管理既要做到有章可循的规范，又要区别于市、区级大课题的统一步调，要敢于放手让老师们实行自主管理才是促进其良性发展的妙方。

在我园六个成长课题组刚进入研究阶段时，每次活动都会主动邀请管理组成员参与其中，但经过观察我们发现，管理组成员的介入让老师们在讨论或学习的过程中多少有些拘束，对于部分自信不足的教师来说更是无法敞开心扉和全情投入地讲出自己真实的想法和疑问；此外，我们还发现各课题组负责人的角色意识不强，有时过于依赖管理组成员的引导和参与，从而失去了自主管理的空间，这样的研究氛围势必会影响课题开展的效果。于是，管理组尝试着逐渐“退位”，从每次参与活动过渡到每月参与一次，待课题研究逐渐上路之后又改变为让课题组负责人定期汇报和提交“课题研究动向记录表”的方式来进行实时动态管理。为了让课题负责人真正成为课题研究的引领者，我园通过召开成长课题负责人培训会，帮助大家提高角色意识，厘清研究职责；定期举行课题负责人经验交流会，相互学习有效的课题管理办法，交流研究过程中的优秀经验。从课题申报到立项，从实施到结题，从人员调整到进度安排，从场地配备到时间协调，全都放权交由课题负责人自主管理，充分尊重他们的决定和意向，最大限度为参研教师提供人力、物力及时间保障，坚持以“自愿、自主、自理”的管理原则推动成长课题研究的有效开展。

二、推拉适当，彰显权利和义务

课题研究是提升教师科研能力，促进其专业发展的捷径。能积极主动参与到成长课题研究中来的老师们都有自主研究的意识和自我发展的需求，但大家的专业能力和个人素养各有不同，所以要借助课题研究有效促进教师成长，不仅要给予专业引领，还应“对症下药”，帮助大家解决研究困难，搭建展示自我、推广成果的平台，让老师们在自主探索中不断获取成功体验，逐步建立自信，推进教师队伍发展的同时提升成长课题研究质量。

（一）基于问题，适时“拉”

对于一线教师来说，初次接触自选课题肯定会有很多困惑，为了帮助大家更好地开展课题研究，我们为每个课题组选派一名“课题指导员”，将课题管理组成员与各课题负责人进行结对指导，便于及时跟进课题研究。

我园唐老师是一位做事认真踏实、勤奋好学的青年教师，在申报成长课题及实施过程中，每次与课题指导员进行探讨时总喜欢问“你觉得这样可以吗?”“你觉得我从哪个方面开展更好呢?”“这种研究方法适不适合我的课题呢?”……她总希望能得到一个确切的答案来帮助自己的课题研究更进一步。面对老师们的各种疑问，我们始终坚持“给分析，不给答案；给建议，不给决定”的引导原则，尽量让他们在实践、反思的过程中去聚焦问题、取舍问题、重组问题，从而找出自己真正想要了解的东西。唐老师在经历了几个月的实践探索后，发现自己最初选择的研究点太大、内容过多，与成长课题“小”“实”“新”的研究思路不太符合，于是她主动找到管理组提出了调整研究内容的申请，将“班级家庭互动教育有效途径与策略研究”变为“班级家庭互动式早期阅读教育策略研究”，从她再次提交的这份研究方案中可以看出，研究目标更清晰，任务更明确，实施过程也就变得更轻松。让教师经历边做边研、边研边改的自主研修过程，是提升教师科研能力的一个重要方法。

（二）搭建平台，全力“推”

王老师是我园骨干教师，也是区幼教中心组成员，她在“中班数学活动区材料投放的有效性研究”中，探索出许多值得借鉴的方法和经验。为推广我园教师的研究成果，我们借助片区联动教研，请她和大家分享自己的研究经历及感悟；鼓励她将自己在数学材料投放上的研究成果融入幼儿园区角活动中，向全区幼教同行开放；为扩大其研究成果的影响力，我们还多次选派王老师送教下乡，分别到秀山及我区各牵手园开展“数学活动区材料投放”的专题讲座。在一系列成果的助推下，王老师不断完善自己的课题研究方案，不断尝试新的研究策略，在反复的总结提升中，不仅收获了成功的自信，也让其专业能力、科研能力得到突飞猛进的发展，逐步从经验型教师向科研型教师蜕变。2012年，她代表我区参加重庆市幼儿园青年教师优质课竞赛并荣获全市一等奖；在课题研究期间撰写的多篇文章获得各级奖励。由于王老师的科研能力日渐突出，还被评为“2013年沙坪坝区科研先进个人”。幼儿园抓住一切机会为老师们创设条件，搭建平台，以激发成长内需再辅以任务驱动的方式促进教师快速成长。

三、合分适情，助推权利和义务

成长课题研究与教师日常教学密不可分，我们大力倡导“工作既研究”的课题管理思路，强调三个“结合”，即教学与教研结合、教研与科研结合、大课题与小课题相结合。基于我园“4123”蛛网式教科研模式，针对成长课题实行管理同步、分层培训的方式确保其顺利实施。

（一）运用资源，巧用“合”

我园美术特色研究组在申报“4～6岁儿童创想画策略研究”课题之后，特色组组长成了课题负责人，承担起管理特色组及课题组的双重任务，我们将原有的“2211”特色组管理制度（即每期展示两节观摩教学、每期开展两次集体视导、每期举行一次公开教研活动、每年发表一篇文章）与课题研究相结合，引导特色组紧紧围绕课题研究的内容和进程开展邀请式教研、现场教学展示等相关活动，并在集体督导时将课题研究获得的经验成果向全园教师推广，充分利用现有管理资源，实现延用制度与课题推进的双向同步。

（二）注重实效，精心“分”

在幼儿园长期建立的良好教科研制度保障下，我们也非常注重对成长课题参研教师的专项培训。每年 3 月我园会定期召开“成长课题申报培训会”，让全园教师及时了解申报情况、流程及要求，帮助大家做好课题立项的选题咨询和资料整理工作；及时邀请专家对立项课题进行“面对面培训”和个别指导，保障课题研究质量；每期召开成长课题计划交流会、阶段小结会、管理手册品读会等，为大家提供相互交流学习的机会；还会定期指导参研教师收集档案资料、准备结题事宜，让老师们感受到他们“有人在管”。我们还精心开展分层培训，根据课题研究的进程和需要，优先选派参研教师参加各级各类培训。两年来我园六个成长课题涉及的 21 名教师中，5 人先后参与了“幼儿园骨干教师研修”“学科带头人研修”等国培项目，16 人分别参与多项市区级培训项目。我们还以注重实效的分层培训方式，丰富教师们的视野，提升他们的科研素养。

对教师成长课题我们坚持“宽进严出”的管理思路，从课题申报到结题全部参照区级课题标准进行严格要求，在已结题的三项课题中，由我园王玲燕老师承担的“幼儿园区域活动中师幼‘双主体’作用发挥的行动研究”在全区近两百个教师成长课题中脱颖而出，荣获一等奖，其余两个课题也分获二、三等奖。参研教师中新增市级骨干教师 2 名、区优秀教师 1 名、区科研先进个人 1 名、区学习型教工 1 名。市区级获奖论文 20 余篇，多篇研究成果在公开刊物中发表。为此我园也荣获了“沙坪坝区成长课题先进集体”荣誉称号。相信在成长课题管理制度的不断优化和推动下，我园教师将在成长科研的道路上不断前行，继续绽放光彩。

引领教师在课题研究中幸福成长

——“教师成长课题”管理经验谈

沙坪坝区树人小学　廖　娟

一、努力推进“教师成长课题”的意义

学校发展的关键是什么？是教师。教师队伍的发展靠什么？靠学习。学习的切入点又在哪里？在科研。一个学校的教育科研发展水平，标志着一个学校的教育发展水平。正如苏霍姆林斯基所说："如果你想让教师的劳动能够给教师带来乐趣，使天天上课不至于变成一种单调乏味的义务，那你就要走到从事研究这条幸福的道路上来。"

沙坪坝区立项"教师成长课题"，是区域教育科研政策的重大调整，是教师教育科研权利的重要保障措施，标志着教育科研由"精英化"走向了"平民化"。对于一线教师来说，能遇上这样的机会发展自己、提升自己的专业素养，是一件多么幸福和幸运的事情啊！树人小学领导高度重视"教师成长课题"这一科研形式，教师们在学校教科室的统筹引领下，经历选题申报、开题论证、结题评审全过程，一步一个脚印，以研究的状态去工作，让思考和研究成为常态，逐步踏上了成长之路。

二、"教师成长课题"的管理与实施

2011—2013年，树人小学申报立项"教师成长课题"30项，参研教师150人。在对"教师成长课题"的管理与实施中，我们主要做了以下两个方面的工作：

（一）提供"一项保障"，给予"三方支持"

"一项保障"是制度保障。我校深入学习和研究沙坪坝区中小学"教师成长课题"管理规程，根据学校实际率先制定了《树人小学区级"教师成长课题"管理办法》，编制了《"教师成长课题"管理实施手册》，以制度保障"教师成长课题"的管理实施。

"三方支持"包括领导支持、经费支持和专业支持。

一是领导支持。在课题研究过程中，每次举行全校性的研究活动，校长们都会轮流挤出时间亲自参加，或指导，或勉励，鼓舞士气。

二是经费支持。"教师成长课题"立项后，教科室组织各课题负责人开会，听取教师们的意见和建议。校长亲自参会，并表示对课题组给予一定的经费支持。一旦有研究成果获奖，就按照学校的《教育科研成果奖励条例》进行奖励。

三是专业支持。学校对课题主研教师的专业支持贯穿于课题研究全过程。就拿选题指导来说，当课题申报材料交到教科室，教科室指导审核后，建议将六年级张俊男老师的"海量阅读"的课题名称改为"如何让孩子在课内大量阅读"。开题会上，经过区教科所的专家们再次论证审核，最终将课题确定为"语文教学单元主题与课外阅读一体化的研究"。经过几次这样不同层次的讨论，使选题立足于教师们自己的课堂教学实践和教育经验，体现了"小""实""新"的特点。

（二）运用教育常识，落实过程引领

1. 培训——搀扶教师

成长课题的感召力源自教师的成长诉求。40多岁的教研组长文平老师在启

动交流座谈会上说："每个老师都怕落后。每个团队都要不断向前。""我不成长，别人要成长。""说实话，作为一线教师，我们觉得独立承担课题有难度。但学校领导鼓励我们说，你们既然能带着学生搞小课题研究，说明你们有科研的潜能嘛！因此我觉得也没什么可怕的。"杨校长也多次鼓励大家说，全体课题研究人员要讲求"效益""效率"和"效果"，使课题研究为提升教学质量和自身专业发展服务，从而增强自己和学校的核心竞争力。教师们的研究潜能在领导的鼓励下被唤醒。

一些教师缺乏研究的方法，课题立项之后无所适从。学校开展科研方法的培训成了当务之急。什么叫"研究"?"研"是指细磨，"究"是指仔细追求、追查。"研"是指把整块的东西磨碎，以便于观察、服用，用的是"分析"的方法；"究"是对事物的追根问底，以便了解事物的走向。经过培训，教师们了解了教育科研的一般程序、课题实施流程以及研究的基本途径。

2. 指导——引领教师

在教师座谈会上，学校向课题组提出了"要研究，先读书，再思考，再实践"的要求。教科室组织各课题组每位教师购买 3 本与自己课题相关的教育教学书籍，并统一订购了《教师做科研——过程、方法和保障》一书赠送给每个课题组。2011—2013 年，学校为全校 30 个课题组购买相关研究书籍 420 本，购书金额达 9000 元。9000 元的书是有价的，但在教师们的成长中产生的作用却是无价的。"腹有诗书气自华"，读书开阔了教师的视野，滋养了教师的心灵，提升了教师的理论素养，促进了教师教育思想和行为的转变。

"教师成长课题"研究周期分为三个阶段：准备阶段、实施阶段、结题阶段。在三个阶段中，学校教科室组织了"连环跟进"的 11 次推进活动，这就是：

启动申报—交流认识—学习规程—如何开题—组织开题—交流计划—自主研究—中期汇报—阶段推进—课题课展示—组织结题。

每一次推进活动，学校教科室都对教师给予指导，解决他们的疑惑和困难，带领着教师们且行且思。

3. 搭台——提升教师

李政涛教授提出：人在表演与观看中成长。是的，对教师来说，每一次的展示、交流与观摩都是一次成长。如 2012 年 4 月，学校组织了第 11 届教育科研节专题活动——2011年区级"教师成长课题课"展示，9 节"教师成长课题课"纷纷亮相。一个老师展示，整个课题组都参与研讨、打磨，在互助合作中共同成长。每堂课都展现了"教师成长"课题的研究成果，效果显著。而在相互观摩中，老师们的思想碰撞着、交织着、成长着。

在学校第八届"树人杯"赛课活动中，教科室要求各课题组将课题研究与现场展示课的选拔、推荐和优化结合起来，将实战演练与理论提升结合起来。老师们不再“就课论课”，而是努力在课堂教学中融入自己和课题组的教育理念和研究成果。在展示中有3节语文课，来自语文学科中3个不同的课题组。他们的研究起点不同，研究角度不同，但都不约而同地指向了学生的课外阅读研究，这与新修订的课标精神高度吻合，表明我校语文教师不再只是抱着那几十篇课文不放，他们的眼界已经从“小语文”扩大到了“大语文”。

科研为提升教师的教学智能攀岩助力。科研如同隐形的翅膀，让教师们在教育思想中飞翔。它悄无声息地改变着每一个教师的教育教学行为，改变着每一节熟悉的课堂。

三、“教师成长课题”研究的效果

通过“教师成长课题”研究，老师们主要在三个方面获得了成长：

（一）实现由经验型向智慧型的跨越

在教师专业成长的过程中，由经验型向智慧型的跨越是最艰难的，它需要理论与实践的结合。三年的实践告诉我们：课题是最好的学习载体、实践载体和智慧增长载体。成长课题的实施，可以实现不同层次教师的差异发展。

通过“教师成长课题”研究，我们发现一些教师不再只满足于“会教书”，也不再只满足于叙述式的经验表达。他们渐渐学会了用理论的方式表达经验，实现了由经验型向智慧型的跨越，即用概念解决“怎么看”，用逻辑表达“怎么办”，用理论的方式表达“为什么这么看”和“为什么这么办”。

（二）“研”“教”一体促使研究常态化

学校要求“教师成长课题”研究做到“三个结合”：一是课题研究与日常教学相结合，二是课题研究与日常教研相结合，三是课题研究与学校的大型活动相结合。有的教研组就将成长课题作为教研主题，使得科研真正与教研相结合。

（三）教师科研能力得到显著提升

一位教书近30年的“教师成长课题”负责人在总结自己的参研体会时说，一年多的“教师成长课题”研究经历，使自己从最初的茫然，到跟随着行动，进而明白了“问题就是课题，行动就是研究，成长就是成果”。在全体教师的辛勤耕耘下，2011—2013年，学校的科研课题研究结出了丰硕的成果。2012年沙坪坝区“教师成长课题”表彰会中，我校获一等奖3个、二等奖5个、三等奖2个。在沙坪坝区2010年—2013年教育科研优秀成果和先进个人评选中，我校获得区教育科学规划课题一、二等奖各1个，获得“教师成长课题”一等奖3个，二、三等奖各1个，获得期刊论文一等奖3个、二等奖5个、三等奖10个。学校也被评为2012年区“教师成长课题”先进集体、重庆市教育科研先进集体。

加强成长课题管理　促进教师专业成长

——以沙坪坝区西永中学为例

沙坪坝区西永中学　李光均　王中群

教师成长课题研究是一种源于实践、服务实践、在实践中研究的行动研究，是一种低起点、低要求、重心降低的草根研究，是一种易接受、易操作、容易见效的应用研究，是一种贴近教师、贴近生活、贴近工作实际的田野研究。自2011年沙坪坝区启动“教师成长课题”研究以来，学校在规范成长课题研究管理方面做了一些有益的探索。

一、加强成长课题管理

管理出规范，管理出效益，加强教师成长课题管理显得尤为重要。

（一）发挥价值引领，共筑成长愿景

生命教育观认为，教育的核心价值是促进学生的最佳成长和最大发展，以及与此共生的教师的生活满足和精神幸福。面对单亲家庭多、留守儿童多，“读书无用”论弥漫社会的现状，学校如何解决学生难管难教的问题？如何摆脱为应试教育而疲于奔命的窘状？2010年，学校领导怀着“换个活法”的初衷，力求让教育回归人性，提出了“为生命而教育”的教育理念，旨在让生命教育成就学校师生的尊严与幸福。正是生命教育的文化引领，促成了教师的教学反思，让教师在思想上开始认识到，开展成长课题研究，可让学生得到全面发展，让教师实现自我发展。科研育师、科研育人的价值愿景启发教师开始关注自己的内心世界，谋求自我的灵魂充实和精神生长。大部分教师都参与到了成长课题的研究之中。

（二）分级负责，建立机制

学校建立了课题研究管理办法，建立了个人、教研组、教科处、学校的“四级管理”机制，突出课题负责人管理为主。具体办法为：

(1) 教师个体负责自主选题、课题申报、实践研究、中期报告、结题答辩等。

(2) 教研组负责前期问题梳理讨论、选题阶段的教师讨论、开题阶段的集中开题、研究阶段的“生命化卓越课堂”教学展示和教学改进的交流纠偏等等。

(3) 教科处负责课题动态服务、专业引领等；教科处还设置了课题管理干事，具体牵头负责课题推荐、定期检查、过程管理、中期检查和全程评价等工作。

(4) 学校管理由校长牵头，选派副校长、教科处负责人、教研组长、骨干教师、进修学院专家等有课题研究经验的人组成“教师成长课题研究学术委员会”，负责组织培训、课题立项审核、答辩鉴定、成果推介和经费支持等工作。

(三) 规范管理

为了让教师易于接受和易于操作，在规范的基础上，学校简化操作过程。操作程序如下：

(1) 教师填写“课题研究开题报告单”。借以了解教师拟定的课题研究的方向和步骤，还可以较好地提高教师教育教学的自我诊断能力。

(2) 教师个人（或两人合作）向教科处申报立项。对教师提交的开题报告单，管理者要精心阅读，帮助完善，尽量把研究的题目定位在解决教育教学中的具体问题和经验总结上。

(3) 学校教科处批准立项，负责向课题研究申报者发出“学校立项研究通知书”，并将教师设计的优秀方案推荐至区规划课题立项。

(4) 课题负责人做实研究，填写学校统一制定的“西永中学教师成长课题研究手册”。各学科组织各种集体研讨活动，资料规范入档。

(5) 阶段性小结。学校每学期要对课题研究过程进行阶段鉴定，对研究状况进行评估和奖励。

(6) 结题。教师向教科处提出结题申请，整理研究过程资料及成果资料并上交教科处。教科处组织有关课题研究领导小组听取研究者的报告，对课题进行评审，及时向研究者宣布评审意见。

(7) 开展课题成果推广会，将研究成果在教研组和学校进行推广。

(四) 关注培训

掌握一定的科研方法是搞好课题研究的根本前提。学校围绕市、区开展学本式卓越课堂，结合生命教育特色，搭建“生命化卓越课堂行动研究”课题平台，给教师提供专业支持。2012 年，学校购买了 1 万元左右的图书充实图书室。每年的寒暑假均精选 1～2 本学习读本供教师学习。学校建立了网络平台，确保教师能随时上网学习、浏览交流。开设“生命教育讲坛”，系统介绍成长课题内涵，怎样选题，怎样写好开题报告，怎样实践操作，如何研讨交流、答辩结题，等等。选派主研教师参加沙坪坝区课题研究示范讲座，参加区科研专家专题报告，帮助教师掌握课题研究的过程和方法，从而使教师认识到成长课题研究是实实在在贴近教师、贴近教学的真研究，是教师专业化成长的奠基石。

(五) 分享提升

学校在年级组、教研组中建立了生命共同体，我们在共同体中提出了“分享与提升”的理念，让每一位教师把教学实践中的问题提出来，把解决问题的办法说出来，把研究的效果写出来，亲身体验“实践—反思—研究—提升”循环往复、螺旋上升的过程。把自培、互助、共享作为共同体的追求，把开展自己的教研、发表自己的见解、解决自己的问题、改进自己的教学作为教师自己的研修目的。

（六）聚焦课堂

我们强调研究直面教学、聚焦课堂，让研究扎根于教学场景之中，促成成长课题与校本教研相辅相成、相得益彰。不仅确保了常规教研正常进行，还丰富了学科教研的内容，拓宽了传统教研的领域。教研与成长课题研究的结合，提高了校本教研实效，使教研真正为教育教学服务。

在学校“生命化卓越课堂研究”平台上，学校要求教研组每学期初首先要确定研讨的主题，以课例为载体落实课题研究；每个教师每期都必须参与献课、观课、诊课，实现持续改进。在多人同课研修中，教研组鼓励每个教师针对上课实践情况，选择自己感兴趣的研究点，进行分析诊断，并通过亲身实践去验证自己的预设，通过不断地观察、思考、实践、研讨，逐步形成课题研究成果。学校黄易霞老师主持的“初中化学用语策略训练的优化研究”课题，将化学生活化、兴趣化，受到初三学生欢迎，学生学习化学的兴趣普遍高涨。

（七）表达多元

基于教师自身素养的差异性，学校鼓励教师进行多样化的成果展示，如调查报告、个案报告、论文、PPT 课件、教育叙事、教学设计、课例报告、反思、阶段总结、结题报告、经验总结、师生活动相片、学生作品、论坛、日志、学具研制、软件开发、专利等，做到课题成果丰富多彩。

（八）激发内驱

学校每学年将教师的研究成果在文化橱窗展示，每三年出版《教师课题研究优秀成果集》，激发教师课题研究的成就感。同时，学校把课题研究纳入教师年度考核项目、教师绩效工资的加分项目、职称评聘的必要条件和骨干教师评选的重要指标，充分调动教师认真参研的内驱力。

二、成长课题研究的初步效果

老子说：“天下大事，必做于细，天下难事，必做于易。”两年来我们认准目标，坚持不懈，从小事开始、从实事做起，课题研究取得了初步效果。

（1）改变了学校教师的工作习惯、教学习惯，教师从埋头工作到学会总结反思、习惯于记录自己的教训与经验。

（2）促进了学校教师不断学习。在研修共同体内教师出现了团结一致、分工合作、优势互补、资源共享的局面。教师在工作中抱怨、责怪和发牢骚的少了，专业水平也越来越高。2013 年，学校“生命化特色课堂行动研究”子课题获“区域推进义务教育内涵式均衡发展的实践研究”（教育部规划课题）结题一等奖以及“义务教育阶段英语听说课教学目标细化与课堂实施研究”（区级）课题结题一等奖。

（3）实现了教师由经验型到科研型、反思型的质的飞跃。近两年，学校有3名教师被评为市区级骨干教师，有7名教师在重庆市沙坪坝区卓越课堂大赛中分获一、二等奖，有6名教师先后被沙坪坝区评为科研先进教师。

（4）促进了学校教育教学质量的全面提升。围绕校本研修和卓越课堂改革，一批教师在课程标准、课堂改革、学法指导、考试考题等方面开展了研究。学校有五名教师参与《沙坪坝区学本式卓越课堂导学精要》编写，一名教师成为《初中英语听说教程》编写成员，两名教师进入初中市级重点中学保送考试命题专家组。学校教育质量由课改前的中等水平跃居沙坪坝区西部同类学校前茅；2012、2013年连续两年的中考，均以沙坪坝区西部第一名的成绩获得沙坪坝区教学综合质量一等奖。

三、课题研究与管理的反思

（1）为了推进教师成长课题研究，学校将进一步建立和完善教师考评和激励机制。

（2）拓宽教师培训渠道和形式，加强实验方法和策略指导，提高教师科研水平，把解决问题、促进师生发展作为研究的最终目标。

（3）积极为教师搭建交流和展示平台，促进教师对自己的研究成果进行总结和交流，形成理论性研究，以此推动学校成长课题研究的良性发展。

参考文献

[1] 王坦．合作——原理与策略[M]．北京：学苑出版社，2001：89．

[2] 张志勇．目标教学的理论与实验研究报告[J]．教育研究，2001（10）．

强化过程管理　促进教师成长

——重庆七中成长课题管理实践

重庆七中　斯庆和

教育科研是学校改革和发展的第一生产力，是提高教师队伍素质的有效办法。我们一直坚持科研服务教学、科研指导教学的方针，坚持走“科研兴校，内涵发展”之路。

一、对成长课题管理的认识

和其他中小学一样，长期以来，学校课题多来源于高校专家或上级部门的子课题，且主研多为学校领导干部，一线教师直接参加者不多。所以，在教师成长课题开展之初，也就存在教师不会选题、研究过程不扎实、研究结果务虚等现象，甚至有的课题半路夭折。

反思以上问题，我们认为，课题管理工作就是要为课题研究提供优质服务，通过建立管理制度、加强技术指导、强化过程督导、搭建交流平台、引导成果孵化等措施，帮助老师解决课题研究的实际困难，提高课题研究的针对性、实效性，以解决教育教学中遇到的实际问题，进而推进教学改革，提升教学质量，助教师成长，使学生成才，促学校发展。

二、如何开展成长课题管理

（一）健全机构制度，构建研究的保障性

我校 1998 年设立的科研处于 2012 年合并入课程处，由分管教学的副校长直接领导，设分管主任 1 名、专职科研员 1 名。另外，还聘请了一支教学经验丰富、教育科研能力突出的学术委员队伍，协助做好教育科研工作。

我们制定了《科研主任岗位职责》《重庆七中教育科研管理条例》《重庆七中科研课题管理办法》等一系列校本科研制度，以加强对教育科研的组织管理、计划管理、过程管理、经费管理、结题管理等。

此外，还坚持资料管理、季报、交流展示、人员动态管理等工作制度。

（二）引导正确选题，提高研究的针对性

教师成长课题的开展，首先必须解决两个问题：选什么题？研究什么？

课题从哪里来？老师最熟悉的莫过于学校，所以，老师选择的应该是立足校本的课题。

研究什么？解决什么问题？课堂是教育教学的主战场，是老师工作的主阵地。因此，老师的课题也必然来源于课堂、服务于课堂。我们引导老师着眼于两个方面：一是来源于教育现实的实际问题，二是来源于对现有问题的争论。我们要求老师坚持反思教学行为，及时发现重点、难点、疑点问题。在此基础上，鼓励老师在这些方面展开研究，把问题提炼成课题。

实践证明，自我反思能够帮助老师找到真正的问题，而课题的开展又能够引导教师不断反思、突破问题。

（三）落实过程管理，提高研究的实效性

教师如何研究？

我们倡导以备课组（或教研组）为单位，集体开设课题、开展研究。通过整合备课组研究解决教学中的共同问题，梳理共享教学经验，既可以有效改善教育教学，也可以使教师个人和团队在实践中研究、在研究中成长，还可以促进备课组从“事务型”向“研究型”转化。此外，既破解了教研、科研“两张

皮”的尴尬，也减轻了教师的科研负担。

学校如何管理？

首先，对课题人员进行管理。用实事求是的态度，对课题人员实行动态管理，谁主研，谁主干；谁主干，谁主研；谁挂名，谁干事；对挂名而不做事的进行淘汰，对积极参加研究的进行增补。

其次，对研究过程进行管理。我们要求课题组必须实实在在地研究，反对弄虚作假的“伪科研”，通过季报表、交流展示会、汇报课来加强过程的监督管理。具体做法如下：

(1) 季报表：各课题组每季度上交“课题研究季报表”，上报研究的进展、存在的问题、下一步思路。

(2)“交流”制度：每期末开展课题交流会，各课题组用5～8分钟的时间展示各自的研究思路、实践操作、阶段成果和经验，相互学习、取长补短。主要回答以下问题：①本课题研究什么？②准备实现什么目标？③已经做了些什么（特别是本期），有哪些具体举措？同时展示相应过程佐证材料。④有什么效果、收获、问题、困惑？⑤还有什么未完成？计划怎么办？⑥课题的创新点在哪里？

(3) 展示课：每学期各课题组各上一次全校性的课题交流展示课，组织校内各课题组观摩。课后由授课教师和课题负责人结合课题思想进行说课和阐述，再由区进修学院的教研员进行专业的点评和指导。实践证明，课题展示课既可以检验交流课题研究对教学的促进和改善，也可以让教师们相互借鉴。

（四）强化专业引领，提高研究的实效性

我们既依托于高校、市区各级专家，更依赖于我校土生土长的研究员、骨干教师队伍，通过全校讲座、现场点评、一对一指导等方式，对课题的选题、立题、开题、结题等进行全程培训。

首先是把好选题、开题关。老师们在选题的时候往往喜欢“大而全”，有的甚至“玄而虚”。所以，当老师们初步提出问题、选择课题的时候，我们就组织学科组展开讨论，引导课题组正确取舍研究的问题，正确把握问题研究的方向和切入点，既降低了研究的难度，也提高了研究的针对性。

其次是把好过程关。每次汇报课，我们都会联系区教师进修学院的科研教研员和学科教研员，请他们来校观课、点评和指导，对课题进行专业的引领。

最后是把好结题关。我们充分利用校内专家来加强课题结题指导，先在校内召开课题结题评审会，由校内专家阅读资料、听取汇报后，结合学校实际提出不同意见，对课题结题和论文撰写进行深入的指导，帮助教师提炼成果、打造精品。

此外，引导教师树立客观、正确的科研成果观。我校对课题成果的评价，

不仅要看发表了几篇文章、看结题证书，而且要看它是否真正解决了实际问题，是否立足教育教学实际促进了教育教学的进步。

三、成长课题管理的效果

通过以上措施，我校教师承担的成长课题普遍呈现出重心低、问题真、切口小、针对性强、容易做、周期短、见效快、与教研整合好的特点，如“义务教育阶段英语语法课教学目标细化与课堂实施研究”“构建音乐课堂的‘有效聆听’培养学生注意力”“培养初中学生数学自主变式的习惯和能力研究”“基于‘课例’的教研共同体建设研究”“初中学生作文教学策略研究”等。所以，大家都能够做、愿意做，在校内形成了较浓的研究氛围，初步形成了以中青年教师为主、科研意识强、思想观念新的科研骨干队伍。在我校承担的教师成长课题中，既有年富力强的中年骨干教师、教研组长，也有刚刚毕业一两年的年轻教师。有些是自发的，有些是根据工作需要由学校有组织有目的地安排的。

成长课题的研究，不仅解决了教学中的实际问题，而且增强了备课组的凝聚力、战斗力，资深教师的示范引领作用得到了更好地发挥，年轻人得到了更好地成长。有的教师以前喜欢单打独斗，与其他教师之间交流甚少，通过课题的研究，备课组内更加和谐，教师之间相互了解更多、更深。有的教师以前不喜欢总结反思，不喜欢调查研究，多靠经验直觉，教学经验的交流也多限于口头方式，难以条理化、书面化，经过课题的研究，很多有价值的问题和经验得到了较好的梳理和提炼。在重庆市课改论文竞赛中，我校教师的参赛论文有71篇。在沙坪坝区2010—2013年教育科研成果评选活动中，我校参评的3个区教师成长课题喜获佳绩，获特等奖1个、一等奖2个。在沙坪坝区“卓越课堂”区级决赛中，我校有17人获一等奖、9人获二等奖，获奖者均为参加工作不久的年轻教师。

四、自我反思

总体来说，我校科研工作脚踏实地、真抓实干，积累了一些成功的经验，但也有一些很难回避的问题。

好的方面，学校教师的科研观念发生着革命性的变化，科研工作的重心逐步下移，科研与教学的一体化态势已逐步形成，科研工作在推动学校发展上产生了一定的作用。

差的方面，教师自我反思的水平还有待提高。区、校投入力度很大，但仍有部分教师的科研热情还没有充分地调动出来。有些课题的研究过程落实不够，一些研究者的理论素养不够高。素质教育的理念和新课程标准的思想还没有完全落实在老师的教育教学行动中。这些都是我们今后应该努力加强的方面。

我们用科学的态度干工作，我们也用科学的态度评价自己的工作。我们希望在全校教职工的共同努力下，把重庆七中的科研工作推上新的高度。

第三节 教师管理

教师是我区教育科学规划“教师成长课题”研究的主研角色，应自觉承担起课题研究全过程管理职责，树立课题研究主人翁意识，实现“我的课题我做主”“我的研究我行动”“我的成长我负责”。本节内容选自一线教师代表进行课题自我管理的心路历程，从他们对课题自我规范管理的过程中，证明了人的内需发展是最大动力，增强课题研究管理责任意识，科学规划研究行动，才能提升研究效果，培育优秀的科研品质。

当好“负责人” 有效促进成长课题的自我管理

康居西城第一幼儿园 吴江丰 晏家敏

一、教师成长课题需要教师自我管理

当前，“教师成长课题促教师专业发展”已成为教育者的共识。“成长课题”是以教师一个人或几个人为研究主体的课题，“教师成长课题”之所以有用，是因为它切合教师个人实际，是真正意义上的教师自己的课题。教师成长课题的研究、管理与其他一些规划课题相比更显灵活，但正因为如此，很多教师做个人成长课题时就很随意，失去了对课题的管理，让教师成长课题失去了科学性与严谨性。

教师专业成长课题除需要学校一些常规的科研管理外，更需要研究教师自我的管理。因为只有研究者自己在研究的同时又管理整个过程才显得实在、有效、灵活。这种能发现问题、研究问题又能有效管理的过程才能让教师成长课题有效进行又不失科研课题的科研性与严谨性。那么，如何真正落实教师成长课题中的自我管理呢？我认为当好成长课题负责人非常关键。课题负责人是课题方案的设计者，课题实施的组织者、管理者，还是课题研究过程的指导者、监督者、研究者。课题负责人只有履行好自己的管理职责，才能确保课题能够按照设计的方案正常运行。

二、当好“课题负责人”，注重成长课题的四个方面

（一）明确成长课题的目的，熟悉科研方案

在做成长课题前一定要让自己与研究成员明确成长课题的真正意义。课题

研究之初，一定要组织课题组成员学习与课题相关的理论，学习理论可以帮助我们对要研究的问题进行科学的认识，并借鉴他人成功的经验，避免不必要的重复劳动。

（二）分工合作，落实任务

负责人应该对课题成员进行明确的责任分工，让课题组形成人人有事做、人人有重点、人人认同的研究氛围。我在课题分工时结合研究人员各自的优势进行分工：有资料收集与保管者，有方案撰写执笔者，有研究报告与成果执笔者，有每次活动小结主持者，有每次活动的记录者，此外对每个研究者重点研究的方向都有分工。每个课题成员都十分清楚自己在课题研究中应该承担的任务是什么，职责是什么，这样课题开展起来会很顺利。例如在每次课题研究小结中，我们要查阅相关资料，梳理问题，负责收集与保管资料的人员就能及时拿出很全面、规范的资料供大家查阅，十分有效与快速。

（三）定期小结、反思与交流

作为课题负责人不仅要按照计划采取行动，定期进行小结，还需对自己的研究行为进行必要的反思。成果交流的目的是集思广益、群策群力，取长补短、互相提高，这也体现了同伴的互助作用。反思与成果交流也可以起到总结经验、找出教训的回顾和诊断作用。比如，在"以结构游戏为载体提高中大班幼儿合作意识与能力研究"这一成长课题中，当课题进行到中期时，整个课题组成员观摩了中班具体结构游戏活动后，发现幼儿在活动中缺乏合作的意识与交流、幼儿分工协作能力弱、整个结构游戏展示效果不好等问题。课后课题组全体成员在负责人的带领下进行了及时地研讨交流与反思。大家发现在不知不觉中前期的研究已经走出了方案，离方案中预设的方法越来越远。找到了问题所在，课题负责人及时调整了方向，改进了方案，对游戏中涉及的事项进行重新分工，对幼儿进行启发式引导，经过一段时间的方案实施，当再一次进行活动展示时，大家看见了幼儿在游戏中合作的成效。

（四）及时收集、整理资料，提炼成果

课题实施过程中的材料收集是课题研究中一项非常重要的工作。为什么这么说呢？因为实施过程中的材料是研究结果的具体体现，是最终得出研究成果、总结提炼研究成果的重要依据。课题负责人要充分利用好区进修学校制定的课题成长手册，依托手册建立成长课题研究档案。课题实施过程中，要收集的材料具体包括：①原始记录；②培训的材料；③课题实施中的调查问卷、调查报告，相关测试的数据；④经验总结与研究论文；⑤教育教学案例、反思、总结材料；⑥教案、教学设计、说课及评课材料；⑦有关课题会议、研讨会、阶段成果总结会的会议介绍、发言材料；⑧专家报告、专题辅导材料等；⑨与课题相关的音像、图片材料等。这些原始、零散的材料，经过加工、提炼以后，就可变成具有综合性和概括性的材料了。在写研究报告时，这些提炼的材料很多就可以直接使用了。比如，在“以结构游戏为载体提高中大班幼儿合作意识与能力研究”这一成长课题中，因平常我们研究时记录了详细的研究过程，所以当我们提炼如何在主题建构活动中培养幼儿合作意识与能力时，很快就根据平常的做法得出以下5点步骤与注意事项：①确定主题；②材料、场地准备；③商量并设计搭建图纸；④分工合作，集体建构；⑤展示合作成果。

三、成长课题自我管理的效果

（一）促进成长课题的有效开展

科研工作要持之以恒，在日常工作常态化上下功夫。成长课题的自我管理能有效促进成长课题的有效开展。

（二）促进教师们开展科研的能力

参与成长课题的研究与自我管理后，我们的科研意识增强了，也熟练掌握了科研方法，科研能力不断提高。

（三）促进教师的专业成长

成长课题研究与自我管理的过程首先是学习的过程，在此过程中，教师自身的教育理论水平和综合素质都会得到有效的提高，最终形成各自独特的教学风格。

小学语文“三读一线”教学实验管理谈

育英小学　庞　飞

叶圣陶先生指出：“先生的责任不在教，而在教学生学。”2011年版《语文课程标准》也指出：“阅读是学生的个性化行为，应该引导学生钻研文本，在主动积极的思维和情感活动中，加深理解和体验，有所感悟和思考，受到情感熏陶，获得思想启迪，享受审美乐趣。”我的“小学语文‘三读一线’教学实验”就是从自己读书的经验开始，积极实践新课程标准，并指引孩子学会学习。

一、有效管理，真切实验

课题管理，是通过对研究课题的申报、立项、论证、实施、检查、控制、鉴定、评价、推广等前、中、后期一系列的管理过程，协调人力、物力和时间，使课题研究做到高效率运行的一种活动。对我们进行的“教师成长课题”而言，尤其是要注意选择课题，制订切实有效的计划，在课题实施中进行全面翔实的记录，并不断在实践中完善计划，指引课题向着更好的方向发展。同时，在课题实施中，努力收集有关课题的资料，可以是文字、图片、视频等。最后，在课题结题前，进行课题资料整理，并提炼出有价值的理念和实践策略，从而让课题真正服务于教育教学，更新教育观念，提高教学技艺。简而言之，课题管理就是有效选题，制订计划，记录过程，收集资料，提炼策略，指导教学，适度推广研究成果。

二、立足实际，动态管理

在整个课题实验中，我立足课堂，注重实效，努力践行着“教是为了不教”这一教学理念，在指引学生“学会学习、学会思考、学会分享”中不断完善、改进课题，实现动态化的科学管理。

（一）书中漫步，感悟“读书三境界”

对于读书，尤其是在阅读教育教学类书籍时，我追求“读书三境界”。“读清楚”：清楚，即了解和辨认，弄清作者“写了什么”，即“知其然”。“读明白”：明白，即懂得和辨析，弄懂“为什么要这么写（做）”，即“知其所以然”。“读出自己”：自己，即个性化见解，弄懂“自己可以怎么做”，即“自知其然”。

（二）深入实际，践行“三读一线”

“读书三境界”让我收获了成功，我想：学生读书是不是也可以这样呢？于是，在自己读书实践的基础上，我从2009年开始进行了五年的教学实践研究，提出了“三读一线”的教学实验，并取得了比较明显的效果。下面简单介绍一下自己在课题实验管理上的一些策略。

1. 制度保障，课题管理规范化

都说“凡事预则立，不预则废”。我在进行课题实验时，选题、申请立项、过程监督、评审结题等方面都严格按照上级课题管理制度进行，为课题管理提供制度保障。尤其是制订切实可行的指导课题研究的《小学语文“三读一线”教学实验研究计划》和《小学语文“三读一线”教学实验研究方案》，并设计了课题管理手册，翔实记录各个阶段的具体情况，撰写课题阶段小结，组织每月一次的课题小结，以保证课题的顺利进行。

同时，在实践中，随着课题的深入，我们不断进行改进和完善，以期更好地促进学生学习。例如，在最初计划中，只设计了统一模板的“小学语文‘三读一线’之扬帆起锚”（即常见的预习题单，以下简称“扬帆起锚”）。实践一年后，学生对此提出异议，统一太多有些死板，应有所变化。于是，我们在“扬帆起锚”最初的统一版本上，设计了一些必做项目和选做项目。最后，还让学生自主设计。

2. 激发共鸣，课题管理生本化

只有深入儿童心坎的教育才是成功的。由此，在课题实践中，我鼓励学生参与到课题管理中来，让课题真正走入他们的心坎，让他们成为整个课题的主人——既是参与者，更是组织者。这样，极大地激发了学生参与课题的积极性，提升了课题的实效性，也让课题实验不流于形式。

例如，课题实验前，我与孩子们一起分享自己的“读书三境界”想法。并与他们讨论：“这么读书你们觉得有意思吗？要是让你这么去读书，你觉得可以吗？……”同时，在实验过程中，每半学期进行一次有关“童眼看‘三读’”的交流讨论会，听取学生对于“三读一线”的看法，并请“课题实验小助理”记录活动中大家提出的有价值的意见，参与到实验管理中。

3. 循序渐进，课题管理序列化

课题实验是一个动态的过程，其间会有很多意想不到的事情发生，自然课题管理也应该是动态的。课题实验，既要尊重课题计划，更要遵循儿童身心发展规律，结合课题实际情况因势而导，不断引领课题向前发展。“小学语文‘三读一线’教学实验”主要分成初识、发展、成型三个阶段，进行管理时，也要充分体现这一特点。

(1) 初始阶段，手把手教。

课题起始阶段，主要任务是制订科学有效的课题计划和研究方案，让研究团队的教师对于即将进行的课题实验有比较清晰的认识，知晓课题的主要任务，弄清楚各自的职责。对于学生，则需要进行必要的思想动员。

例如，实验之初，主要是让学生对“三读一线”有比较清晰的认识，了解可以怎样去学习。这一阶段的管理，重在进行具体的预习策略的指导。为保证实验的有效性，我以“扬帆起锚”为抓手。每一部分有一些基本的要求，比如，“读清楚”主要是形近字组词、解释词语、概括内容、画结构图……“读明白”主要是摘抄重点语句，并结合相关资料和自身实际说出自己的理解等。“读出自己”主要是挑选表达上最有特色的地方，提炼其表达的手法，感悟其效果，并尝试进行运用，有可能是小练笔，也有可能是尝试运用文中的表达结构等。完成“扬帆起锚”后，老师仔细分析学生完成情况，以便进行有效的指导。

(2) 发展阶段，形成一线。

在实验一个阶段后，无论是教师还是学生对于实验都有比较清晰的认识了，有必要进行及时的反馈和小结，从而查漏补缺，不断完善，为下一阶段做好准备。

例如，在经历一段时间后，学生的自学能力、阅读理解和习作水平大有长进。我认真撰写了课题阶段小结，总结经验，反思不足，思考改进措施。同时，我们还开展了以“这样学习可以吗?”为主题的班级大讨论。经过讨论，学生们发现还需打牢基础知识的教学方式，可以阅读更多类似文章……尤其是对学习能力强的孩子来说，单一的按部就班的教学方式已经不能满足他们的兴致了。由此，我们觉得“读书三境界”应该是连成一线的，故此，我们的课题也成为“小学语文‘三读一线’教学实验”。

(3) 成型阶段，健全体系。

这一阶段，教师应对自己在课题实验中得到的有价值的资料进行梳理。

三、教学相长，一起成长

经历了近五年的教学实验，我真切感悟到“教是为了不教”以及“教学相长”的真正魅力。教学实验是与孩子一起成长的过程，也是自己在教学生涯中一次华丽的蜕变。我们的“三读一线”教学实验还远没有结束，我们还会以“三读一线”为依托，积极进行“学习三境界”和“教学三境界”的深入研究，努力提高学生的学习能力，提升自己的教学水平。

“教师成长”课题管理

重庆七中　张小凤

科研是完善教育、提高教师科研能力的重要载体与途径，是学校得以持续发展的强大驱动力，是显示现代教育魅力之所在。对于一线教师而言，虽然有来自一线的极其宝贵的应对经验，但是一说到搞科研，大家都觉得这是一个无法触及的难题，因此不敢触碰。沙坪坝区的“教师成长课题”有效地解决了这一问题，拉近了一线教师与科研的距离，使大家认识到了“科研从实践中来再到实践中去”的朴素道理。从思想意识层面解决了一线教师的畏难情绪。但是，这个领域毕竟是陌生的领域，只有敢干的勇气，没有操作的方法是不行的，因此，对课题科学而有效的管理就显得很有必要。下面就从三个方面谈谈成长课题管理的问题。

一、对管理的认识

成长课题管理采用课题组长负责制，课题组长是这个团队的核心人物。他的管理主要应体现在以下三个方面：

(一) 对课题组长自身的管理

作为课题组的灵魂，课题组长本身必须具有较强的研究能力，才能担任组长一职。课题组长要努力提高自己的思想素质、教学业务素质和教育科研能力，发扬奉献精神和合作精神，争做教育教学改革的带头人、教育理论和实践结合的探索者。无论在专业领域还是在科研领域，都要能在课题组内起到专业引领的作用。

（二）对课题组的管理

要坚持“立足现实，着眼发展，突出重点，全面推进”的课题研究原则，了解科研运作的规律，从选题、申报、立项、开题、实施到结题，都要制定一系列的计划以及制度，规范课题组的运作过程。

（三）对课题组成员的管理

能紧密团结课题组教师，并根据各个教师的性格特点和研究能力分配相对应的工作。做到人人有事做，事事有人做。特别要加强对课题组青年教师的指导培养，努力促使青年教师从实践型、经验型向科研型转化。

二、如何管理

（一）立足问题，慎重选题

找到一个有意义且适合课题组做的科研课题，这是整个科研工作的第一步，也是重要的一步。这一步决定着科研工作的主攻方向、奋斗目标，决定着应采取的方法和途径。选题有以下4个注意事项：

1. 选题必须有价值

首先是要有认识价值，即选题本身蕴含着新现象，有可能提出新原理或发现新规律。在理论上要有所突破和建树，或有重要的补充和完善。其次是要有实践应用价值，即选取有代表性的、被普遍关注的亟须解决的问题，问题的解决有利于提高教育教学质量，促进学生的全方位发展。第三是创新价值。课题研究应有新意和时代感。

2. 选题必须分析已有的研究基础

课题研究本质上是探求未知的活动。要探求未知，就得先明了已知。因此，科研选题一定要先对已有的研究基础进行分析。既要找出已知因素如已解决的问题、已形成的共识和已验证的方法，又要找出未知因素，即现有研究的缺陷在哪里，还有哪些问题需要解决。只有对已知条件和未知条件都心中有数，才能合理确定一个课题，正确把握研究方向。

3. 选题要有可行性

课题研究探究的是尚待解决而基本能解决的问题。课题研究的目的，就是将原来不能解决的问题转化为通过研究能基本解决的问题。确定选题的时候，讲究量力而行，即可行性。课题研究的可行性分析主要包括如下几个方面：第一，人力条件。如课题负责人的理论修养和科研组织能力、参与者人数及其专业特长、可投入的研究时间等。第二，资料条件。如课题组个人及所在单位已有的资料、查询和获得资料是否方便（比如是否联网、有无资料中心）、有无经费保障等。第三，前期研究。如课题组成员原来对这个问题有无研究，有何理论或经验成果，在同行中所处的地位，等等。第四，其他条件。如学校领导是否支持、学校的科研制度管理是否规范等。

4. 问题必须具体明确

选题一定要具体化，界限要清，范围宜小，不能太笼统。原因在于问题是否具体适度往往影响全局的成败。只有对问题有具体明确的了解，才可能把选题做好。

在充分了解课题选题原则后，组织课题组教师交流自己在教学实践中的困惑、疑点，并提出问题，结合当前教改动态、本校实际，在众多问题中筛选出一个最重要的问题，转化成为研究课题。最后，课题组内教师分析背景，查找资料，编制计划，填报“成长课题申报书”。

（二）规范课题研究制度，抓好过程落实

1. 做好开题工作

课题立项审批后，课题负责人应做好开题工作。

开题工作的第一步是撰写好开题报告。开题报告的撰写包括：问题的提出、理论基础与依据、核心概念界定、本课题的创新之处、研究目标、研究内容、研究方法、课题实施管理与过程、课题的研究成效、问题与讨论，并附主要参考文献。

第二步是召开课题开题准备会，就开题应准备的材料和开题会的程序作充分的准备。

第三步就是开题会的召开。课题负责人作开题报告，并请专家做可行性评价和在实施研究中的建议。

2. 制订详细的阶段性研究计划

开题会召开后，课题负责人应就如何实施课题研究，在总计划的框架下，制订详细的阶段性课题研究计划。计划的结构应包括本阶段研究的内容，研究的方法、途径，研究的对象与范围，实施步骤与进度，成果的呈现形式，课题组成员及分工，课程研究过程中的过程管理，经费预算，等等。

3. 加强管理，确保研究工作的开展

课题负责人作为课题研究工作的实际主持人，要切实负起课题研究工作的领导责任。

首先是定期进行课题组活动，或学习有关的理论、资料，或研讨课堂实践中遇到的问题；要求每学期每位课题组成员都要上一节课题研讨课或公开课。在研究过程中，争取专家指导是很重要的，它是提高课题研究质量、保证研究方法的科学规范、促进课题研究顺利开展的重要保证。

其次常反思、总结。要求课题组成员平时做好课堂教学后记，期末认真撰写课题研究阶段总结。

最后是要求每位课题组成员每学期都要根据课题阶段性研究写好阶段性教学论文。

4. 全面系统地做好资料收集与整理工作

（1）收集和学习与课题相关联的背景材料。

课题研究背景资料包括与课题相关联的一些概念、理论的界定和国内外关于本课题的研究动态资料。这些资料会使课题研究思路更清晰，对以后撰写课题结题报告也会有一定的参考作用。

（2）收集和整理课题研究的过程材料。

课题研究中的过程材料一方面是指课题组活动材料，包括课题组会议记录、会议影像资料等。另一方面是指课题组教师在课题研究过程中的研究材料，包括前期的调查问卷、课题研究实践课的教案课件及教学反思、阶段性总结例会上的反思交流文字材料和PPT等。

这些过程材料是课题研究的重要佐证材料。

5. 及时收集课题研究过程中取得的成果

课题研究的阶段成果是指在研究过程中获得的带有局部性的研究成果。课题通过一段时间的研究实施，会逐步显出成效，这些成效主要体现在师生两方面的变化上。学生方面，教师可通过一些统计数据来说明学生学业成绩和情感态度方面的变化成效；另外，学生团体和个体在学科竞赛和特长比赛中取得的奖励，也可作为课题研究成果。教师方面，是指课题研究过程中，课题组成员在自身教学、教科研水平上的变化；也可表现为课题组教师在各级各类教学、教研竞赛中得奖以及撰写的与课题相关的论文在省市县评比中获奖和在报纸杂志上发表。这些都属于课题研究过程中课题组成员所取得的成果，应及时收集、归档。

6. 高度重视结题工作

（1）整理资料，填写课题结题申请书，并向相应的科研机构提出书面申请。

（2）课题结题申请得到批复后，按批复要求准备材料，如果用“通讯”结题，应向参与结题的专家邮寄材料；如果用“会议”结题，则请专家到学校现场结题。不管哪种方式，材料质量都是关键。

三、管理效果

对成长课题进行严格有序的管理，能够使课题组教师在更高的水平层次上展开教学活动，从而使教学工作逐步向最优化方向发展，同时也使教师自身的素质得到提升与飞跃。

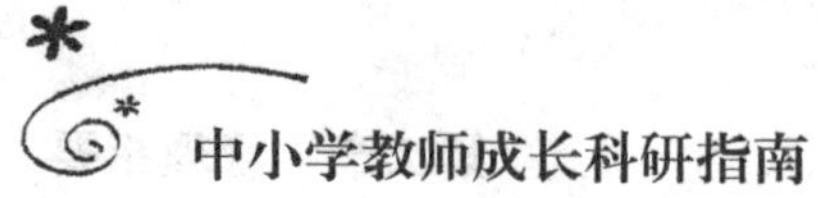

借助教师成长课题研究　提升自我专业能力

重庆市立信职业教育中心　钱琴梅

一、参加教师成长课题研究的原因

当前，“科研兴校”已成为教育者的共识。教育的发展也不断地向教师提出新的要求。教师仅凭目前的知识和教学中的直接经验是远远不够的，新的教学要求教师必须在教学中注意研究教学，总结教学经验。而研究教学的主要方式就是用科学的方法对教学进行研究。正如苏霍姆林斯基所说：“如果你想让教师的劳动能够给教师一些乐趣，使天天上课不致变成一种枯燥乏味的义务，那你就应当引导每一位教师走到从事一些研究的这条幸福的道路上来。”为此，我决心把“教师成长课题”研究作为提高自身教育教学工作能力的突破口与切入点，用课题研究来消解问题与困惑，促进自我专业的提升和发展。

二、如何实施教师成长课题研究

（一）怎样选题

教师成长课题的选题应源自教师在教育教学实践中遇到的困惑、困难，教师要善于在自己的教育教学实践中发现问题。首先，教师要寻找教育教学中的现实问题。在中职从教十年来，我发现伴随着中职招生规模的扩大，以及在传统教学观念和应试教育的作用下，生源质量逐年下降，大部分中职学生基础薄弱，他们对数学的学习非常的畏惧甚至讨厌、反感。其次，要找到选题的理论依据和现实依据。心理学的研究告诉我们：认知冲突是学生已有知识和经验与新知识之间的冲突，这种冲突会引起学生新奇的惊愕，并提高他们的注意和探索的行为。而课堂教学正是教师引导学生如何关注探索新知识的行为，这说明如果课堂教学中有了学习气氛和认知冲突，即给学生创设了思维的情境，学生便有了展开思维的动因、时间和空间，从而让学生在课堂上产生学习的意向，激起他们求知的欲望，进而让学生主动地获得他们应该具备的数学知识。最后，还要找到课题研究的切入点。如何在数学课堂上激励中职学生内在的学习动机和学习兴趣，课前教师导学过程的创设就显得尤其重要。于是，我的教师成长课题——“中职数学课堂教学引入设计研究”就产生了。虽然我选的这个课题不大，研究的对象也就是几个班的学生，但通过两年多的实践和研究，我也找到了一些比较实用的适合中职学生的教学引入方法。我把这些方法应用到我的教学实践中，收到了较好的成效。

可见，教师成长课题的选题应坚持以下原则：要从自己教学实践中来；题目要小，研究对象少而具体，研究时间短；研究结果可以很快应用在自己的教育教学实践中，取得立竿见影的实效。

（二）如何制订“教师成长课题”研究方案

1. 对于所研究课题的界定

（1）课题研究背景及意义阐述。

如我在做“中职数学课堂教学中引入设计研究”这一教师成长课题时，先调查、分析了当前中等职业学校数学教师在数学课堂教学中引入设计方面的具体情况，并针对我校中职学生学习数学的现状，最终确立了课题研究的方向，明确了课题研究的背景及现实意义。

（2）寻找课题研究的理论基础及依据。

正因为课题寻找到了研究的理论基础和依据，才使我的课题研究更具有了价值和方向。

（3）对课题研究的核心概念进行界定。

课题的界定不能用粗线条的语句来描述，不是一些纲领性的套话和俗语，而是专业的准确的术语。

核心概念界定后还应阐述各核心概念之间的内在逻辑关系和你对该课题的理解。如“中职数学课堂教学引入设计研究”这一课题的核心概念就是引入设计，引入设计就是在讲授新课之前，教师本着一定的教学目标，根据教材具体内容，结合学生的身心特点及学习的实际状况，精心设计一小段（三至五分钟不等）与新课内容相关的课引，以引起学生注意，使学生的思维活动呈现出一种积极的状态。本课题主要针对职业高中数学课堂教学中的引入环节展开课例研究，探讨教师教学的引入方法及相关资源。

2. 对所研究的课题进行现状述评

这主要是通过查阅同类课题的研究观点、内容及研究策略，避免重复研究，以保证课题研究的针对性和实效性。如我在做“中职数学课堂教学引入设计研究”这一教师成长课题时，通过查阅相关文献资料，了解到目前对中职数学课堂教学引入设计的研究较少，而在中职学校的数学教学实践中，课堂引入是课堂教学的首要环节。在当前中职数学教学面临着巨大挑战的同时，数学教师更应注重对此进行研究。教学中，要根据中职学生的认知水平、专业特点及教师所要传授的数学知识的不同，选择恰当的新课导入方法，增强课堂教学的感召力。目前，对于该方向的研究还仅限于理论层面，涉及中职数学课堂实例和可操作层面的较少。通过对课题研究现状的分析，使我进一步明确了课题研究的方向和内容。

3. 确立课题研究的目标和内容、研究方法及研究步骤

如针对“中职数学课堂教学引入设计研究”这一教师成长课题，我在前期对课题的界定及现状分析的基础上，确立了课题研究的对象及范围（以重庆市

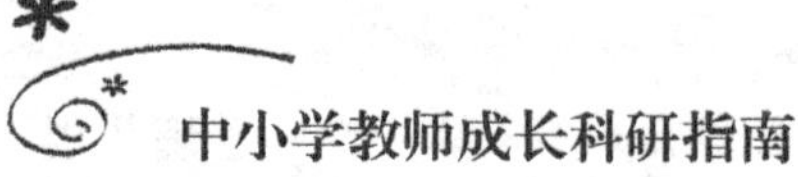

立信职业教育中心职一、职二年级汽修专业、电子专业和数控专业的学生为主要研究对象)，制定了相应的研究目标及内容，运用了各种行之有效的研究方法(主要开展课例研究)有步骤地开展研究工作。

三、教师成长课题研究成果的价值取向

(一)显性的效果

两年来，在教师成长课题——“中职数学课堂教学引入设计研究”的指引下，通过开展教学案例研究，不断探索和改进教学引入设计环节，使所教学生的学习积极性明显提高，厌学情绪有所改观。与此同时，通过撰写教学感悟、体会、教学案例以及论文，使自身的教育教学能力得到了进一步的提升。我的《浅谈中职数学课堂的情景创设》发表于《科学咨询教育科研》期刊上，教学设计论文获市二、三等奖；课题组刘琴老师的《职高数学课堂引入的几种方法》发表在《文理导航》期刊上。

(二)隐性的效果

1. 教师成长课题是推进新课程改革，提高教育教学质量的助推器

教师成长课题研究直接服务于课堂教学实践，它将我们头脑中的课程标准、课程改革理念，通过教师成长课题的研究落实到师生的行为上来，切实尊重学生学习的主体地位，学生必然会增强自信心和学习的主动性，教学质量也自然会得到提高。

2. 教师成长课题是校本教研的有效“载体”

首先，某些教师的成长课题，可以作为研究备课的载体。我们在备课时，可以用它来指导备课，从而保证了备课的科学性、针对性，同时也减轻了自己的负担。其次，个人研究的课题也是指导其他教师听课、评课的载体。其他教师在听课、评课时，可以参考教师成长课题研究的情况，改进自己的教学方式。最后，教师成长课题也是课后自我反思的载体，教师课后可以根据教师成长课题的研究成果反思课堂教学情况，反思教学设计的合理性，然后调整课堂教学设计，这样，就增强了反思的科学性、目的性，同时也促进了研究的深入进行。

3. 教师成长课题是促进教师专业化发展的一条有效途径

教师是专业人才，没有教师的发展，就没有教育的发展，高质量的教育取决于高素质的教师，提高教师素质的关键是加强教师的专业化发展。实施素质教育和推进基础教育课程改革，迫切需要一支用先进的教育理念武装起来的教师专业队伍。所以，教师的专业化发展成为时代的必然，而通过教师成长课题研究能有效地促进教师的专业化发展。因为教师成长课题研究的过程首先是学习的过程，在此过程中，教师自身的教育理论水平和综合素质都得到了有效的提高。另外，教师成长课题研究的过程也是探索在具体情境下创造性地应用教

学规律的过程，最终将能得到有效的教学策略，促进教师教学风格的形成，达成“教学艺术”。

教师成长课题之所以有用，是因为它切合我们教师的个人实际，是真正意义上的教师自己的课题。一方面能满足我们青年教师自身专业化发展的需要，另一方面课题研究成果也能为提高教育教学质量服务。虽然我对于这一新事物的认识还很肤浅，但通过亲自参加教师成长课题的研究，使我看到了它对于师生发展所展现出来的显著效果。我有理由相信，通过教师成长课题的研究，一定能促进教师专业化发展，从而全面提高教育教学质量。

参考文献

[1] 汪秉彝，黄翔. 数学教育专题研究 [M]. 重庆：重庆大学出版社，1994.
[2] 王勇. 数学课堂教学艺术探微 [J]. 教育艺术，2001 (5).
[3] 龚箭. 中职数学教学策略初探 [J]. 教育与职业，2006.
[4] 李红. 心理学 [M]. 成都：西南师范大学出版社，2004.
[5] 戴维·H. 乔纳森. 学习环境的理论基础 [M]. 武汉：华东师范大学出版社，2002.
[6] 何小亚，姚静. 中学数学教学设计 [M] 北京：科学出版社，2008.

第三章　方法遴选

第一节　文献法

一、文献法概述

（一）文献法的概念

文献法是根据一定的研究目的或课题，通过对文献的收集、分析、整理和研究，形成对所研究问题的科学认识的一种方法。

（二）文献法的特征

1. 历史性和全面性

从时间角度看，文献法是一种“历史”的研究，主要是了解与调查研究课题有关的前人研究成果。无论是上下五千年的远古文献，还是现代乃至当今的文献，国内还是国外的文献，只要是先于研究者当前研究的成果，研究者都可进行研究，获得比其他调查方法更全面的信息。

2. 灵活性和安全性

从操作角度看，文献法不受时空限制，具有相当强的灵活性。在时间上，既可利用工作时间研究，也可利用业余时间研究，或者几天、几个月，或者日积月累、研究数载，研究者可灵活安排时间；在空间上，文献研究既不用亲临现场，也不受环境等因素的制约和限制。只要找到了必要文献就可以随时随地进行研究，即使出现了错误，还可通过再次研究进行弥补，因而其安全系数较高。

3. 继承性和创造性

从效能角度看，文献法的运用本身就是一种继承与批判的过程。文献法的根本目的就在于比较和借鉴，通过检索、收集、鉴别以及研究与运用这一系统化过程，最终实现对某一时代或社会现象的某些特点进行描述和评论，分析其形成的客观原因，对原有文献加以重新组合、升华，从而找出事物间的新联系、新规律，形成新观点，创造出新理论。

二、文献法的运用

（一）文献法的意义

有利于全面、正确地掌握所要研究问题的情况、现状，最大限度地利用已有的知识经验和科研成果，帮助研究人员选定研究课题和确定研究方向；有利于为教育科研提供科学的论证依据和研究方法；有利于避免重复劳动，提高研究效益；有利于拓展研究思路，发展创造性思维，提高课题研究的创新性。

（二）文献法的地位

1. 文献法是最基础和用途最广泛的收集资料的方法

任何社会调查研究前期的课题选择、确定和探索性研究以及方案设计，都必须先从文献调查入手，以使调查目的更为明确和有意义，调查内容更为系统、全面和新颖。即使进入了具体调查阶段，往往仍然需要进行文献调查。利用文献法可以收集到其他方法难以收集到的资料。在采用其他方法进行调查的过程中，以及在调查后期对收集的资料做整理、分析和撰写调查报告时，也常常需要利用文献提供必要的佐证和补充。另外，有些社会调查研究由于人、财、物或某些客观条件所限，而只能以文献法作为基本的收集资料的手段。所以，文献法对于所有的社会调查研究来说，都是必不可少的。

2. 文献法是一种独特和专门的研究方法

诸如问卷法、测量法、访谈法、观察法、实验法等，主要功能就是收集资料，对收集到的资料的整理、分析和研究则是用一些专门的方法来完成的。文献法却不然，它可以独立完成某些课题从收集资料到分析研究的全过程。那些旨在再现或分析历史现象的课题，如分析民国时期社会各阶层的生活状况等，或者是研究不可能重演的现实社会的某些事件，如战争、犯罪等，以及时间跨度大的纵贯性课题，如中华人民共和国成立以来农村基层组织的变迁等，就是也只能主要依靠文献法来完成。

（三）文献法的步骤

1. 文献的收集

（1）确定文献收集的检索范围，主要是主题概念（文献名称或主题词）。

（2）选择文献收集的检索工具。

①网络查询。利用百度（www.baidu.com）、谷歌（www.google.cn）进行通用搜索，利用 http：//scholar.google.cn/进行学术搜索，利用中国知网（清华光盘）、龙源期刊网进行文献数据库搜索。

②图书馆、资料室查询。

(3) 选择文献收集的检索方法。

直查法。它是从与本检索课题有关的书刊中直接检索文献的一种方法。检索课题单一，文献集中，对于所检索书刊比较了解，适合于使用这种方法。

追溯法。它是以已经检索到的文献的引文、注释、脚注和附录参考文献为线索，逐个地进行追踪查找，发现所需文献的一种方法。一般在已知文献很少或缺乏检索工具的情况下采用，可以获得一些必需的文献。

顺查法。它是按照检索课题的时间范围，按由远及近、从旧到新的顺序查找文献的一种方法。该方法可得到较为系统、全面、完整的文献资料，但费时费力。

倒查法。它是按照检索课题的时间范围，由近及远地回溯查找文献的一种方法。该方法适用于检索新的文献，特别是理论性的研究课题。

综合法。它是对上述几种方法交替使用的一种方法。适用于复杂、重大的检索课题。具体而言，如果研究者具备一定的检索知识及良好素质，有较完备的检索工具，可采用顺查法和倒查法；如果是对研究课题作全面系统的综述报告，宜用顺查法；如果是对新课题进行研究，应以倒查法为主；如果缺乏完备的检索工具和线索，则可采用追溯法。

2. 文献的摘录

浏览。根据标题、摘要和文章内三级标题、导言、结语确定研究的主要内容。

筛选。筛选就是在浏览的基础上，根据调查课题的需要，从所搜集的文献中选出可用部分。

精读。在精读时，不但要认真理解文献所阐述的观点，详细了解文献所引用的事实，而且要把它们与其他文献联系起来进行反复对比和研究，还要对文献所引用的事实和阐述的思想同调查课题之间的关系做出客观判断和全面评价。

记录。记录就是把在精读中确认的有价值的信息记录下来，供进一步分析研究之用。记录信息最基本的要求就是及时，最好精读与记录同步进行，边看边记，边听边记，或者是读一部分记一部分。如果记录太滞后，不仅会事倍功半，而且容易丢掉在精读中常有的一瞬间产生的思想火花。记录最好以表格形式梳理出文献资料的基本信息、研究结论等。

3. 文献分析

文献分析有两大类，即文献定性分析和文献定量分析。目前存在的文献大多数都是通过定性分析而形成的，因此，它是最常用的一种文献分析方法。我们只介绍文献定性分析。

文献定性分析是通过对文献内容的分析，来揭示文献所反映事物的性质、本质特征及其发展规律的方法。其特点是侧重对文献的个案研究，不太考虑所用文献资料的样本大小与完整程度；注重对文献内容的含义和深层解释，不太强调文献的外在形式、表面内容和量化构建；关注文献作者的动机与影响效果，不太在意内容的表达方式。通过文献定性分析要梳理、归纳出：谁、什么时候、研究了什么问题？基本观点是什么？研究到了什么程度？有无创新？有无价值？我们还可以在哪些方面进行研究？

三、实例分享

“初中数学基本思想在课堂教学中渗透的案例研究”是沙坪坝区西永中学数学学科课题组 2013 年 5 月被沙坪坝区教育科研所批准立项的教师成长课题，是一个较好运用文献法的案例。

西永中学数学教研组在学习新修订的《义务教育数学课程标准（2011 年版）》中发现传统“双基”修订为“四基”，总目标中的第一条明确提出了获得“四基”的要求：“通过义务教育阶段的数学学习，学生能获得适应社会生活和进一步发展所必需的数学的基础知识、基本技能、基本思想、基本活动经验。”① “双基”被发展为“四基”，成了此次课标修订的一个重要内容。怎样理解与落实好新增的“数学基本思想”成了西永中学数学教研组关注的问题。在实施建议部分《义务教育数学课程标准（2011 年版）》指出：“数学思想蕴涵在数学知识形成、发展和应用的过程中，是数学知识和方法在更高层次上的抽象与概括。学生在积极参与教学活动的过程中，通过独立思考、合作交流，逐步感悟数学思想。”② 这实际上是数学思想的含义和落实课程标准的要求，对于初中学生需要感悟哪些数学基本思想，教材内容如何承载数学基本思想，在课堂教学中如何渗透数学基本思想，怎样评价学生是否感悟到了数学基本思想，课标都没有过多的阐述。带着这些问题西永中学成立了数学学科课题组，对以上问题开始进行文献研究。

（一）文献的收集

首先，课题组确定文献搜集的检索范围：文献名称中包含“数学思想”。然后，在中国知网（http：//www. cnki. net/）上利用顺查法，在线高级检索到 2013 年 10 月以前的文献 4217 篇，在结果中检索到包含“初中”的有363 篇，其中不含“方法”的有 78 篇。

（二）文献的摘录

通过浏览 78 篇文献的标题、摘要和文章内三级标题、导言、结语，去掉重复的、与课题无关的文献，筛选出可用文献 8 篇。在精读时，以检索到的文献

① 《义务教育数学课程标准（2011 年版）》，北京师范大学出版社，2012。

② 《义务教育数学课程标准（2011 年版）》，北京师范大学出版社，2012。

的参考文献为线索，追溯查找到史宁中校长的《漫谈数学的基本思想》、解恩泽和徐本顺教授主编的《数学思想方法》、笛卡尔（王太庆译）的《谈谈方法》等文献资料，并记录下文献资料的基本信息、研究结论等（见表3-1）。

表3-1　数学思想文献表

序号	作者	书名或文章名	出版社、出版年或期刊名、期刊年	研究主题及主要观点
1	李健	浅谈数学思想在初中教学中的渗透	西安社会科学 2010年01期	数学思想，就是对数学知识和方法的本质认识，是对数学规律的理性认识。本文结合初中数学教学的实际状况，阐述了在数学教学中的数学思想的渗透，同时通过例证对渗透数学思想的教学策略作了一些探索
2	王兴华	试论在初中数学教学中如何更好地渗透数学思想	数理化学习 2012年02期	教师需要在教学过程中渗透数学思想，有意识、有目的地培养学生的数学思想，提高学生的思维能力。渗透数学思想应该贯穿于整个教学过程，要求教师提高自身的能力，鼓励学生积极参与，教师引导，以学生为主体，在学生学习的过程中逐步提高对数学思想的认识
3	王明碧	初中数学教学中常见的数学思想	中小学数学（初中版） 2010年03期	什么是数学思想方法以及研究数学思想方法有什么重要意义？就初中而言按不同层次划分常见的数学思想有方程思想、转化思想、数形结合思想
4	焦永安	如何将数学思想渗透到初中数学教学中	新课程（上） 2013年05期	《义务教育数学课程标准》指出：数形结合、分类讨论和化归等数学思想方法蕴涵在数学知识的学习过程中。在教学过程中，强化数学思想方法的渗透，应成为数学教师的自觉行为，也是数学课程改革的导向之一
5	张战强	初中数学一次函数的数学思想	数理化学习 2012年02期	数形结合思想形象思维能力是数学思维能力的一个重要方面，加强数形的结合是一次函数学习中的重要特征
6	赵绪昌	试谈初中数学思想	教育实践与研究 2003年04期	数学思想是指现实世界的空间形式和数量关系反映到人的意识之中，经过思维活动而产生的一种结果，它是数学中处理问题的基本观点，是对数学基础知识与基本方法本质的概括，是创造性地发展数学的指导方针

续表3-1

序号	作者	书名或文章名	出版社、出版年或期刊名、期刊年	研究主题及主要观点
7	刘瑛	初中数学思想教学的探究	中国科教创新导刊 2011年33期	初中数学思想教学应以数学知识为载体，结合数学新课程标准和计划，按照启发、吸收、消化和发展的认识规律进行总体策划，分阶段、有步骤地贯彻实施。充分挖掘教材中蕴涵的数学思想，在知识形成过程中渗透数学思想，在“双基”中融合数学思想，分散累积，逐渐强化数学思想，章节、单元复习课凸现数学思想，运用现代媒体手段使数学思想形象化，等等
8	于志游	在初中数学课堂教学中渗透数学思想	现代阅读（教育版）2012年18期	化难为易——数形结合思想；化整为零——分类讨论思想；举一反三——化归类比的思想；化繁为简——渗透符号表述思想；理论联系实际——唯物辩证思想
9	史宁中	漫谈数学的基本思想	数学教育学报 2011年04期	数学思想是数学文化的核心，因为数学文化是数学的形态表现，可以包括：数学形式、数学历史、数学思想。其中思想是本质的，没有思想就没有文化。数学思想包括抽象、推理、模型
10	解恩泽 徐本顺	数学思想方法	山东教育出版社 1989年	论述了数学思想方法研究的对象与范围、历史与现状、价值与意义、数学思想方法的几次重大突破与数学中的常用方法等
11	笛卡尔著 王太庆译	谈谈方法	商务印书馆 2000年	他不仅考虑在解析几何中建立参照系，还借助曲线来刻画点的运动轨迹，他所强调的直观正是今天的数形结合思想，他所强调的演绎正是通过进一步的抽象来获得的

（三）文献分析

1. 国外现状

放眼世界，很多优秀的数学家在很早的时候就开始对数学思想方法进行了研究。如：伟大的哲学家笛卡尔作为解析几何的创始人，把数与图形有机地结合起来，开创了图形的数量化研究。他在《谈谈方法》中指出："只研究非常抽象看来毫无意义的题材只能是疲惫不堪，要寻找另一种方法。"[①] 他不仅考虑在解析几何中建立参照系，还借助曲线来刻画点的运动轨迹，他所强调的直观正是今天的数形结合思想，他所强调的演绎正是通过进一步的抽象来获得的。美籍匈牙利数学家、数学教育家G. 波利亚的三本经典著作《怎样解题》《数学的发现》《数学与猜想》都是数学方法论领域内的代表作。这些专著所阐述的许多思想方法受到数学界的普遍重视。[②]

2. 国内现状

1989年解恩泽与徐本顺教授主编的《数学思想方法》，论述了数学思想方法研究的对象与范围、历史与现状、价值与意义、数学思想方法的几次重大突破与数学中的常用方法等。[③] 2006年，我国著名的数学家史宁中教授指出："我和我的同事们认为应当把'双基'改为'四基'，即关于数学的基础知识、基本技能、基本思想、基本活动经验。"而且他还强调在教学活动中，基本思想将是主线，在具体的问题中会涉及数学抽象、数学模型、等量代换、数形结合等数学思想。[④] 史教授所说的思想，是希望学生领会之后能够终身受益的那种思想方法。很多一线教师对数学思想的含义，对初中数学基本思想的分类和教学中渗透的原则、方法也都有研究。

综上所述，纵观国内外数学思想方面研究的现状，可以看出，虽然很多数学专家和一线教师对于数学思想的含义、分类及教学有过深层次的探讨，且有了较为明显的成效，但对初中数学教材的章节内容如何来承载课标的数学基本思想没有系统的研究，对初中教学中如何来渗透基本思想的案例以及怎样评价学生感悟到了数学基本思想也没有详细的研究。于是最终课题组把"初中数学基本思想在课堂教学中渗透的案例研究"作为研究的课题，明确了研究的内容：研究数学基本思想与初中数学教材内容的联系，形成关系图；研究初中数学课堂教学中渗透基本思想的典型操作案例；研究教师在课堂教学中渗透基本思想的评价量表；研究学生应用基本思想解决问题的评价量表。

课题组运用文献法选定了研究的课题，明确了研究的方向，避免了重复劳动，为下一步研究打下了坚实的基础。

---

① 笛卡尔：《谈谈方法》，王太庆译，商务印书馆，2000。

② 〔美〕G. 波利亚：《数学与猜想》，科学出版社，1984。

③ 解恩泽，徐本顺：《数学思想方法》，山东教育出版社，1989。

④ 史宁中：《教育与数学教育》，东北师范大学出版社，2006。

第二节　调查法

一、调查法概述

（一）调查法的定义

所谓调查法，就是为了达到设想目的，制订某一计划，全面或比较全面地收集研究对象某一方面情况的各种材料，并做出分析、综合，得到某一结论的研究方法。它的目的可以是全面把握当前的状况，也可以是为了揭示存在的问题，弄清前因后果，为进一步的研究或决策提供观点和论据，是社会科学领域中最常见的资料收集方法。

（二）调查法的特点

调查法的主要特点，是以问题的方式要求被调查者针对问题进行陈述。调查法能够同时收集到大量的资料，同时探究许多变项间的关系，使用方便，并且效率高。

使用调查法进行研究，简单易行，不受时间和空间的限制，不需要任何复杂的设备，在短期内便可获得大样本资料。调查法存在一些缺点：调查结果的可靠性受受试者影响大，不合作的态度会降低研究效度。问卷编制的质量和适用范围也会影响结果。

（三）调查法的种类

根据调查范围不同，分为全面调查和抽样调查；根据研究性质不同，分为现状调查、相关性调查、因果关系调查、发展性调查；根据形式不同，分为访谈法、电话调查法和问卷法。

二、调查法的运用

（一）调查法的基本要求

要求调查者为人正直谦虚、思想端正，视野开阔、经验丰富；熟悉问卷、量表及有关资料，能完整、客观地运用调查材料；注意影响调查工作的相关因素，包括调查地点与环境，要让双方都有安全感，调查者与受访者性别、年龄相宜，调查记录公正客观，取得调查对象信任，愿意参与调查。

（二）调查法的运用

着重介绍调查法的三种形式：访谈法、电话调查法、问卷法。

1. 访谈法

访谈法是通过与访谈对象的交谈来了解研究对象某些方面情况的研究方法。

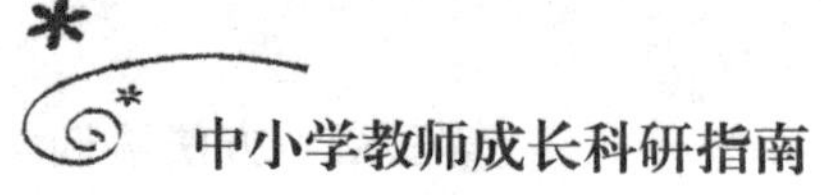

访谈法的适用范围：

访谈法主要是通过访谈员与被访者面对面直接交谈收集资料的方式，具有较好的灵活性和适应性。访谈调查的方式简单易行，调整对象尤其适合于文化程度较低的成人或儿童等，适用面较广。

访谈法的基本步骤：

(1) 设计访谈提纲。访谈提纲包括访谈目的、访谈步骤、具体时间、人员、访谈对象安排、访谈主题、访谈问题的代码系统等。

(2) 逐步提问，倾听回答。访谈最主要的形式是倾听，积极地倾听，适时参与，必要时与受访者进行平等对话。及时作好访谈记录，一般还要录音或录像。

(3) 材料整理。访谈结束后，要对材料进行整理，形成陈述性材料，并作一定的统计性整理。

(4) 做出结论。与问卷调查一样，最后要得出结论性的东西。例如，被调查问题的现状、性质，产生问题的原因，等等，并随之提出建议、意见。

访谈法的优点和缺点：

优点：获取的信息更加深入、详细和全面；可以进入到受访者的内心，了解他们的心理活动和思想观念；深入地了解行为发生的背景和影响行为的广泛决定因素；研究者有更多的机会分享和了解应答者的观点，以及他们在更广泛的问题上的信念、经历和语汇等；可用于研究个人隐私或敏感性问题。

缺点：需要具有高度熟练的技巧和受过专门培训的调查员，记录和分析的方法耗时。因此，样本规模通常较小，应答者人数通常在10～60名之间；解释资料也需要丰富的经验和高水平的技巧。

2. 电话调查法

电话调查法就是选取一定的受访者样本，通过拨打电话的方式，访问问卷上所列的一系列问题，在访问过程中用笔记下受访者的答案。

适用范围：

这种调查方法在电话普及率很高的国家很常用，在我国只适用于电话普及率高的人口总体。电话调法的优点是查速度快，范围广，费用低，回答率高，误差小；在电话中回答问题一般较坦率，适用于不习惯面谈的人。但电话调查时间短，答案简单，难以深入，还受电话设备的限制。

电话调查法的基本步骤：

(1) 制订一份调查计划。确定抽样结构和抽样单位，草拟问卷调查表，并制作一份访谈表格。

(2) 训练访谈人员及监督人员。雇用电话访谈人员与监督人员，进行专业训练，了解访谈技巧和要注意的问题。

（3）进行完全受到监督的访谈。征求访谈者同意并进行电话访谈录音。

（4）完成调查报告。将所有资料转换成计算机可判读的格式，进行资料分析，编制完成各种调查报告。

电话调查法的优点和缺点如下：

优点：取得市场信息资料的速度最快；节省调查时间和经费；覆盖面广，可以对任何有电话的地区、单位和个人进行调查；被调查者不受调查者在场的心理压力，因而能畅所欲言，回答率高；对于那些不易见到面的被调查者，如某些名人，采用此方法有可能取得成功；采取计算机辅助电话系统，更有利于访问质量的监控；访问人员的管理更为系统规范，达到管理集中、反馈及时之效。

缺点：由于电话调查的项目过于简单明确，而且受到通话时间的限制，调查内容的深度远不及其他调查方法；电话调查的结果只能推论到有电话的对象这一总体，因而存在着先天母体不完整的缺陷，不利于资料收集的全面性和完整性；没有办法提供直观的教具；电话调查是通过电话进行的，调查不在现场，因而很难判断所获信息的准确性和有效性等；被调查者经常拒绝电话调查。

3. 问卷法

问卷法指研究者通过向被调查人群分发问卷进行信息收集的方法。

问卷调查法是在实证研究中常用的一种方法，对社会调查研究做出了巨大贡献。特别是无记名问卷，可消除调查对象心理方面的顾虑和障碍，得到客观真实的材料。问卷法具有简便易行、省时、省力、调查面广、信息量大、真实性强的特点。问卷的调查对象一般应有初中以上文化程度，更适宜在城市范围中运用。

问卷调查的基本步骤：

（1）确定研究目的和研究对象。

根据研究目的和对象对其做操作化定义，以确定研究的内容与范围。

（2）编制问卷。

问卷的结构包括问卷说明（引言）、注释和问卷本文。

“问卷说明”也称引言，应包括调查目的、意义、主要内容、调查组织者、选样的原则、调查结果的使用者、保密措施等。“注释”一般指对填写问卷的具体要求，有时也包括对条款及措辞的进一步诠释。“问卷本文”部分一般包括指导语、对象的自然状况、问卷题三个方面。

（3）发放问卷。

发放形式包括邮寄、有组织地分配、当面填答、网络在线填答等。

（4）回收问卷并统计、分析资料。

对回收的问卷，先辨析其有效性，剔除废卷；同时要统计有效问卷回收率，分析数据资料。对问卷中的错误回答、装假倾向、默认倾向、道义理论与事实相悖、无回答等情况做出偏斜估计。

（5）撰写调查报告。

调查报告的结构一般由导言、正文和结论三部分组成。

问卷调查的优点和缺点如下：

优点：突破时空限制，对众多调查对象同时进行调查；便于对调查结果进行定量研究；匿名性；节省人力、时间和经费。

缺点：只能获得书面的调查信息；自填式问卷调查，调查者难以了解被调查者是认真填写还是随便敷衍，使得调查失去真实性；回复率和有效率低；对无回答者的研究比较困难。

三、案例分享

范围大一些的调查，常采用问卷调查法。尤其是在总体规划等重大项目中，问卷调查法近年来日益受到重视。关于问卷调查的理论部分，前一节中从适用范围、基本步骤、优缺点三个方面作了介绍。本文将从调查问卷的设计构思、问卷调查的操作过程、问卷调查结果对于研究工作的启示等多方面来介绍问卷调查法的运用。本节结合所做的一次问卷调查，分享从理论到实践的认识。

（一）确定调研课题，拟定课题计划

1. 确定题目

在调查前，首先必须明确调查方向，确定调查课题。明确课题的必要性、价值性、操作性，阐明课题的现实与理论意义，明确要解决的问题、突破难点的方法等。

我们2012年教师成长课题的申报项目是“创建四维一体网络平台提升学前家庭教育质量的实践研究”。这个课题项目涉及面广，难度大，对一个教师研究主题团队来说难度更大。课题论证中从核心概念界定、国内研究现状述评、选题意义及研究价值、目标、内容、方法、技术路线、研究假设等做了一个详细的说明，旨在运用网络，集合社会、学校、家长、幼儿力量，打破园所、区域、等级界限，创建更为广泛的分享、交流、探讨平台，这是提升学前家庭教育质量的一次大胆创新尝试。项目最终得到区进修学院的支持与肯定，顺利立项，并成功申报市教育学会课题。

2. 拟订计划

拟订调查计划，是调查研究工作能否顺利进行的重要保证，是成功的开端。教育调查计划一般包含以下内容：①调查目的。②调查对象范围。③调查手段和方法。④调查步骤和时间安排。⑤调查经费的使用安排。

由于人们的认识是有限的，事物发展也常处在动态之中，初步制定的调查计划应在调查实践中加以检验，不断完善；或者征询有关专家的意见，得到一定的指导。

课题组确定问卷调查法为研究方法之一，旨在通过调查了解学前家庭教育的现状以及家庭教育存在的问题，以便有的放矢，运用网络平台跟进性引导。该项目通过征集、邀请方式，确定全市12个区县的25个园所参与调研。

3. 调查问卷的设计

问卷的结构包括标题、前言、指导语、个人基本资料、问题与选择答案、编码、结束语等几个方面。

（1）前言。“重庆市学前家庭教育现状调查问卷”的前言：

为更全面深入了解重庆市家长在学前教育阶段教育素养现状，拟定此次问卷调查。本次调查自愿参与，按幼儿年龄层向全市12个区县共计25余所不同类型的幼儿园发放。请您在您认为合适的答案标号上打“√”或写上相应的文字记录。您所提供的情况，将严格保密，您的回答是问卷调查的重要资料，期待收到您完整、真实的问卷。

前言的内容包括：用真诚、朴实的语言，让参与调研的家长了解本次调查的内容、目的、意义；关于匿名的保证，以消除被调查者的顾虑；对被调查者回答问题的要求；调查者的个人身份或组织名称；对被调查者的合作与支持表示感谢。

如果是邮寄的问卷，还应写明最迟寄回问卷的时间。

（2）指导语。指导语是用来指导被调查者填写问卷的一组说明或注意事项。指导语要简明易懂，使人一看就明白如何填写。

如“请在您所选答案前的（　）内打上‘√’”“选择一项”“有几项选几项”“可以多选”等。

本课题指导语简单，“请按内容选取合适选项（有单选和多选项）”，提醒家长选项分单选和多项题。

如果设计的问卷题型比较单一，这部分的内容可以与前言部分合在一起。

（3）问卷基本内容。问卷基本内容包括个人基本资料、态度问题、行为问题。

①个人基本资料。个人基本资料中要求填写的项目，一般都是在研究中考虑到的变量。尽管这部分内容是事实问题，每个人都很容易填，但是有些人对这类问题存有戒备心理，如年龄问题、经济收入问题。因此在说明语中应当明确告诉被调查者是匿名填写，同时让被调查者了解本问卷对研究的意义。

例如“重庆市学前家庭教育现状调查问卷”部分个人基本资料项：

5. 您的家庭收入水平

□A. 1000元以下　□B. 1000～3000元　□C. 3000～5000元　□D. 5000～10000元　□E. 10000元以上

6. 您的孩子教育问题主要承担者是

□A. 爸爸　□B. 妈妈　□C. 长辈　□D. 保姆　□E. 其他

其中的经济收入，填写之前我们与调研园所做了沟通，并采用匿名方式填写；紧跟第6项直接指向家庭教育承担者，这种序列让填写者明确问卷调查的目的。

②问题与选择答案。问题是问卷的核心内容，编制的问题要简洁明了，要适应被调查者的文化程度，符合研究的目的要求。至于用开放式答案还是封闭式答案，则应根据实际情况而定。采用封闭式答案要按标准化测验的要求设计题目和答案，答案要准确，符合实际，便于选择。

本课题调查问卷针对学前家庭教育，为更加深入了解家庭教育情况，以封闭式问题为主，同时设有两个开放式问题。

例如“重庆市学前家庭教育现状调查问卷”调查部分项目内容：

18. 您在教育孩子过程中遇到的问题有（可多选）：

①家庭教育　□A. 成员间教育不一致　□B. 隔代抚养　□C. 工作忙，没有精力管小孩　□D. 单亲教育

②个性心理　□A. 不自信　□B. 性格暴躁　□C. 情绪不稳定，如焦虑、忧伤、过分依恋　□D. 反应迟钝　□E. 有自伤行为　□F. 不能与人和谐相处　□G. 缺乏责任心

19. 您的孩子现阶段哪些问题比较突出（或说说现阶段最困扰您的问题）？请用文字记录。

20. 您的育儿困惑？（请用文字记录，可加页）

其中第18项为封闭式问题，第19项、20项为开放式问题，便于多角度了解家庭教育的真实情况。

③编码。对于样本数量较大的调查问卷，为了便于计算机的汇总、分类和统计，一般要设立编码栏。对于样本数量较小的调查，或采用手工汇总的调查，可不设编码栏。

例如：

请您根据自己的情况，在下列合适的数字上用“√”标示，除特殊说明外，均为唯一选择。编码栏中的“□”处请勿填写。

1. 性别（1）男（2）女

2. 年龄（1）31岁～35岁　（2）36岁～40岁　（3）41岁～45岁　（4）46～50岁　（5）51岁以上

（4）结束语。结束语一般采用以下表达方式：

①对被调查者的合作再次表示感谢，以及提醒被调查者不要漏填与复核的请求。如：“请您检查一下是否所有题都作答了，有无漏选项。对您的支持与配合表示真诚的谢意!”

②提出本次调查研究中的一个重要问题，以开放式答案的形式放在问卷的结尾。如：“您认为学校未来的发展趋势是?”

（二）问卷编制的一般程序

问卷编制要经历七个过程：①明确研究目的，根据研究目的和假设范围收集所需要的资料，确定调查对象；②确定问卷调查所需研究问题纲要，确定所要搜集的信息和问卷的类型；③围绕主题草拟问题，列出标题和各部分具体项目；④征求相关人员及专家的意见，修订项目；⑤测试，从总体样本中抽取30～50人为试测样本，以检测问卷的信息和效度；⑥再修订，根据测试结果，对项目内容、排列方式加以改进；⑦正式测试。

（三）发放和回收问卷

1. 问卷的发放

问卷发放时必须关注两个问题：一是要有利于提高问卷的填答质量，二是要有利于提高问卷的回收率。

问卷可以由调查者本人亲自到现场发放，也可以委托其他人发放。调查者如果能亲自到场发放，亲自作解释，对提高问卷的填写质量和回收率是有好处的。如果要委托他人发放，则一定要委托负责的组织或个人，决不能草率从事。

课题组采用网络下载和邮寄形式，在较短的时间内完成此项工作。为了保证问卷发放的有效性，课题组还通过网络向调研园所及调研家长致信，以使这项工作能够最大限度地落实。

2. 问卷的回收

问卷回收时要当场粗略地检查填写的质量，主要检查是否有漏填和明显的错误，以便能及时纠正，保证问卷有较高的有效率。这项工作最好由调查者本人亲自在场指导，或者必须向委托人提出明确的要求。

成功的问卷回收率应达到70%以上，而50%的回收率是送发问卷调查的最低要求，低于50%，视为问卷调查失败，此调查就应终止。

本课题组回收通过邮寄方式，以园为单位，参与调研家庭2425个，实际回收有效问卷1896份，回收率为78.29%。

（四）调研报告

1. 问卷数据整理

将问卷核实和清理后就做数据分析。按选项进行原始数据人工统计；如果问卷使用了编码，就要用SPSS做数据分析。

本课题数据分析按选项进行统计，如：

“行为习惯”选项，共计有2214人次选择此项。该选项包括九方面的内容，其中“无理取闹”“不珍惜物品”比例最高，分别为26.24%、22.49%；“不愿意分享”“不遵守规则”次之，分别为16.12%、15.58%。

2. 撰写调查报告

调查报告的结构一般由导言、正文和结论三部分组成。调查报告的形式有描述性报告、解释性报告和建议性报告三种。调查报告中应把理论和实践结合起来，这样才有一定的深度和价值。

本课题通过数据分析，得出以下结论及建议：

结论：①学前家庭教育发展不均衡。表现在两个方面：第一，家长本身素质造成的不均衡。第二，各个类型园所提供给家庭教育的引领上存在差异。②学前家庭育儿问题突出。调查数据显示，家长的学前育儿困惑多、孩子的成长问题多。六个层级中，排列最高的示范园家长群，在育儿自知力上，都表现较高程度的不自信。整个学前家庭教育育儿能力与水平都需要得到提高。

提出建议：强化政府责任，关注学前家庭教育；加强园所联盟，切实做好家庭教育引领工作；运用网络平台，提升学前家庭教育质量，尝试建立一个公益性学前教育平台；促进教育资源公平化；帮助家长拓展育儿视野，丰富育儿经验，提高育儿方法，以此提升学前家庭教育质量，促进儿童全面和谐发展。

此项课题调研结果在中国新闻网、《中国政协报》、中国日报网、人民网、新华网、《重庆晨报》等十几家媒体上报道，引起了社会广泛关注，让社会更加关注学前家庭教育的发展。

第三节 叙事研究法

一、叙事研究概述

叙事就是对故事的描述。教育叙事研究属于质的研究的范畴，它以教师本人作为研究工具，在自然情境下采用叙事的方式来描述教育行为，使用归纳法分析资料，通过与研究对象互动对其行为和意义建构获得解释性理解。它通常不直接定义教育是什么，也不直接规定应该怎么做，而是教师通过对有意义的学校生活、教育教学事件、教育教学实践经验的描述与分析，发掘或揭示内隐于这些生活、事件、经验和行为背后的教育思想、教育理论和教育信念，从而发现教育的本质、规律和价值意义，实现自己对教育意义的建构。

（一）教育叙事研究的特征

1. 教育叙事中，教师既是研究的客体也是研究的主体

在研究中，教师本人就是研究的工具，在教育教学长期的实践中，在与学生的互动与交往中，发生了各种生活故事和教育教学事件。对这些事件，教师们通过观察、分析、反思，获得一些见解或解释性的意见。叙事研究把教师的经验置于中心位置，教师在反思中不断总结经验，形成对教育意义、自身存在价值等的认识，从而改善日常教育实践，获得内在的发展。

2. 教育叙事研究是一种真实性和情节性的研究

教育叙事研究一定是教师本人在教育教学实践中的亲身经历。这种研究最显著的特征就在于“实事求是”。它是教师在日常生活、课堂教学、研究实践等活动中曾经发生或正在发生的事件，是教师对实际情境和实际过程所作的记录、观察和探究，进而从中获得对事件的解释性意见。在叙述事件时，教师应尊重客观事实，绝不能为了达到某种研究目的或研究结论而歪曲甚至捏造事实。

教育叙事研究的情节性指的是通过选取冲突的焦点或高潮来开展故事的讲述，而不是平铺直叙或简单的“记流水账”。情节性是叙事研究区别于其他研究形式的重要特征。教师应该掌握一定的表达技巧，在语言上避免枯燥乏味，尽量使用生活化的语言来表述。这种对事件具体情节进行的描述，能帮助教师更加深入地分析事件发生的深层原因。

3. 教育叙事研究是一种反思性研究

虽然教育叙事研究强调真实性和故事性，但叙事只是手段，其根本特征在

于反思。最终目的是希望从教育事件中发现教育问题，思考教育事件背后所隐含的教育意义，从而为自己和他人今后教学提供更多的参考。教师在叙事中反思，在反思中深化对问题或事件的认识，在反思中提升原有的经验，在反思中修正行动计划，在反思中探寻事件或行为背后所隐含的规律、理念和思想。简而言之，叙事只是手段，其根本是研究。离开了反思，叙事研究就失去了它的目的和意义。

（二）教育叙事研究对于教育的意义

1. 调动教师参与科研的积极性，促进教育科研走向“大众化”

教育叙事研究使教师真正成为研究的主体，为长期以来教育研究与教育行动分离、教育理论与教育实践脱节的状况提供了一条行之有效的途径。它打破了传统规范研究的很多条条框框，从生活出发，从事实出发，从教育实践出发，从学生以及家长的经验与感受出发，具有非常强的操作性和实用性，是教学一线的教师常用的科研方法。教育叙事研究不仅赋予了教师更多的自由，而且也彰显了教师自身经验的价值，它让教师们清晰地意识到：发生在自己身边的每一桩教育事件都可以成为研究的素材，只需要在平常的工作中捕捉、积累，就能找到研究的突破口。因此，教育叙事研究能大力调动教师参与科研的主动性和积极性，促进教育科研的大众化。

2. 提高教师的专业素养与专业能力

教师撰写教育叙事的过程，就是对自己的教学活动进行全程监控、分析、调整的过程，是教师自我反思、自我培养、自我提高的过程。它有利于教师强化成功的教学技能，积累有效的教学策略，提升自己的教育教学理念，使教师从理性的高度审视自己的教育教学行为，从而不断提高自己的专业素质和专业能力。

3. 记录师生的成长过程

由于叙事研究的素材都是来源于教师日常教育生活，教师用第一手材料记述教育实践发生的始末及其在问题情境中所表现出来的智慧，因而叙事研究较好地记录了教学中所发生的许多有价值的教育和教学案例，既记载了被研究者的成长经历，也记录了作为研究者的教师不断探索教育教学问题的历程。

二、叙事研究的运用

（一）教育叙事研究的研究思路

在教育叙事研究的运用这个问题上，刘良华教授简明扼要地概括出具可操作性的研究思路：“叙事研究无论采取历史研究的方式，还是采用调查研究的方式，其基本路径都是收集资料—解释资料—形成扎根理论，其重点是分析资料并形成扎根理论。”我们来具体看看这个基本路径之间的关系：

在收集资料的基础上解释资料，在解释资料的同时进一步收集资料。很明显，两者并不是按部就班地进行，而是一种相辅相成的过程。在实际研究过程中，解释资料与收集资料是一个相互推动的过程，两者是同时进行的。

在解释资料的基础上形成扎根理论，所谓扎根理论，也就是在收集和分析资料的基础上归纳出相关的假设和推论，该理论的形成以及相应的写法通常有三种方式：一是“情境式研究报告”。其写法是将调查研究中所获得的材料整理成一份有情节、有内在线索的故事，将相关的教育理论隐藏在故事的深处，偶尔也可以在叙述故事的过程中发表议论。二是“聚类分析”。其写法就是将调查研究中所获得的材料分门别类，每个类别就是一个相关的教育主题或教育道理。分类之后，再用相应的材料或故事来为这些教育主题或教育道理提供证据。三是“先叙事，后解释”。它是前两者的综合：在整体上保持故事的完整性和情节性，但每个故事都有一个相应的教育主题或教育道理。而且各个教育主题和教育道理之间有某种内在的联系。其具体写法要么显示为“夹叙夹议”，要么显示为“先叙后议”。

（二）开展教育叙事研究应注意的问题

第一，“教育叙事”必须有一个“主题”。这个“主题”常常是一个教学理论中已经在谈起、讨论的问题，它是所叙述的教学事件中产生、蕴含着的，而不是将某个理论问题作为一个“帽子”然后选择几个教学案例作为例证。教师开展研究时，应紧紧围绕故事的主题，客观真实地讲述事件。教师要从众多事件中梳理出清晰的线索以使故事的主题能够体现一定的教育或教学理念。

第二，在选材上要注重事件的代表性。所叙述的教育故事应是具有一定代表性的问题或冲突，其中蕴含一定的教育教学理念、教育教学思想，具有一定的启迪作用，通过这些冲突的化解来表达教师对教育的理解。否则，研究就失去了意义。

第三，写作方式以“叙述”为主。既然是叙事，就要有一个从开始到结束的完整情节，要揭示故事中人物的内心世界。不需要太多的理论阐释，也不必有过多的旁征博引，只要求研究者对事件进行反思，从所叙述的事件中发掘出有利于改进和提高教学效果的有益因素或不利于教学的因素，并以此作为今后教学中值得发扬光大或引以为鉴的素材。因此要求教师尽量使用生活化的语言来表述，例如可使用“我想……”“我估计……”“事后想起来……”“以后遇到类似的事件，我会……”等句子。此类描写实际上是将事件发生过程中师生双方的感受、反应及教师的个人教育理念、个人教育思想渗透其中，把教师在“反思”处理某个具体的教育事件时的教育理念以及个人教育思想准确地记录下来。

三、实例分享

别跑快了，慢慢来

经过一年级的学习，孩子们都积累了一些字词，孩子们在二年级应该加强写话训练了。

今天在学习完《宿新市徐公店》这首古诗后，我开始指导他们看插图写话。我先对图片中描绘的时间、天气、地点、人物进行指导，孩子们跟着我的思路发挥想象说了不少，我很满意他们的回答，并把他们说的好词都板书了下来。我认为他们观察仔细，想象丰富，对他们的指导已经非常到位了，如此就进入事情叙述的指导。我仍然很关注孩子们的观察力与想象力，充分给他们想象、说话的空间，孩子们同样说得头头是道。如此我更是欣喜，我想，现在可以进入扑蝴蝶的情境，体验扑蝴蝶的一系列动作了，描写指导就此开始。于是我和孩子们来到操场，模拟了捕蝴蝶的场景，孩子们快乐、欢笑着体验了扑蝶的过程。回到教室，我们又开始对刚才扑蝴蝶的经过进行交流，孩子们说得绘声绘色，让我似乎看到了一篇篇精彩的“文章”。我迫不及待地让孩子们开始动笔，心里暗喜：今天孩子们的写作一定很出彩。

当孩子们把他们的作品给我看的时候，我傻眼了。大多数孩子的“大作”东拉西扯，不知所云。问题出在什么地方？我的指导不是很细致吗？孩子们不是说得很好吗？为什么下笔却如此凌乱？我静心想了想，发现了问题：二年级的孩子，我让他们写多了！特别是我认为指导最出彩的扑蝶过程，这个训练完全是三年级孩子才开始接触的细节描写啊！虽然孩子们语言表达能力好，但不代表他们能清楚地进行书面表达。孩子们开始学习语言表达已经有六七年了，而书面表达才刚刚起步。我怎么能把两者相提并论呢？我对课标的把握太肤浅了，得再认真学习、运用。

亡羊补牢为时不晚，随后我又选择了绘本《夏天的天空》中的一幅画面指导孩子们又一次看图写话。我根据新课标小学第一学段“对写话有兴趣，写自己想说的话，写想象中的事物，写出自己对周围事物的认识和感想”的写话要求，设计了写话指导。与其说是我的指导，不如说是孩子们的互导，孩子们看图后，天马行空地想象开来，各抒己见，你争我抢地说，受到别的孩子的启发后又说。之后，我鼓励他们把自己想说的话都写下来，没有时间、地点、人物、事件的限制，甚至对有些孩子书写时没有在第一行空两格多言，就这样，精彩的一个或几个句子呈现出来。师生们都感受到了写作的快乐。

通过这两次作文指导，我深深地体会到，我们的教学首先要尊重孩子的发展规律。每个年龄段的孩子都有他们自己的“敏感期”，孩子们写话的敏感期来了，我们顺势教学会收到事半功倍的效果，而如果拔苗助长，那只会是师生成长的灾难。我们的课程标准就是专家们根据孩子们身心发展的特点以及语文知识体系等综合因素研究后制定出来的，我们只有按照课标要求教学，学生才能保持积极的学习兴趣，取得长足进步。

参考文献

[1] 刘良华. 教育叙事研究：是什么与怎么做 [J]. 教育研究，2007 (7).
[2] 张湘洛. 教育科学研究方法 [M]. 北京：国家行政学院出版社，2013.
[3] 赵新云. 教育科学研究方法 [M]. 北京：中国人民大学出版社，2009.
[4] 胡东芳. 教育研究方法哲理故事与研究智慧 [M]. 北京：华东师范大学出版社，2009.
[5] 鲍传友. 做研究型教师 [M]. 北京：教育科学出版社，2009.

第四节 观察法

一、观察法概述

（一）观察法的概念

观察法和访谈法是常见的收集资料的方法。英国社会学家莫塞（Moser）说："观察可称为社会探究的第一等方法。"所谓观察法（Observational Method），是指研究者在实地研究中，有明确目的地以感觉器官或者科学仪器去记录人们的态度或行为。

而教育中常用的观察法则是在比较自然的条件下，通过感官或借助于一定的科学仪器，在一定时间、空间内进行的有目的、有计划地考察并描述教育现象的方法。

和教学中的普通观察不一样，作为系统的教育观察法必须符合以下要求：

（1）有明确的研究目的。

（2）预先有一定的理论准备和比较系统的观察计划。

（3）观察者和对象共处一体，研究者能够直接、准确了解正在发生的教育现象，以及应该采取的措施，获得真实、丰富的资料。

（4）观察对象在不加干涉控制的自然状态下被观察，使得研究者能够观察到被观察者在教育教学活动和日常生活中最自然、真实、典型和一般的心理状态和行为表现。

（5）观察记录是有系统性的，要求观察者对所观察到的事实给予实质性和规律性的解释。

（二）观察法的分类

研究者为了获得合适的资料，可以根据研究目的的要求，采取不同类型的观察方法。观察法按照不同的标准可以划分为四种类型：

（1）参与观察与非参与观察。

参与观察与非参与观察是依照观察者是否参与被观察对象的活动来划分的。

参与观察法是研究人员参与到观察对象的教育教学和日常生活活动之中，通过与观察对象共同进行活动从内部进行观察。所有的参与观察研究都介于“参与者的观察”与“观察者的参与”之间。

非参与观察法只是单纯地研究，并不参与被观察者的任何活动，完全以局外人的身份进行观察。

（2）直接观察法和间接观察法。

直接观察是直接通过观测者的感官考察被研究者活动，获取具体的第一手材料的方法。

间接观察是观察者借助一定的仪器、设备考察研究对象活动的方法。

（3）结构性观察与非结构性观察。

结构性观察法是在观察前有详细的观察计划、明确的观察指标体系，观察时严格按计划进行，能对整个观察过程进行系统的、有效的控制和完整、全面的记录。

非结构性观察法是研究者只有总的观察目的和要求，或只有一个大致的观察范围和内容，没有详细的观察计划和观察指标体系。

（4）连续性观察和非连续性观察。

连续性观察和非连续性观察是按是否具有连贯性来划分的。

连续性观察法是指在选定的一定时间内进行观察，对观察对象在这一时间段内或这一时刻发生的各种各样的行为表现和事件作全面观察记录。

非连续性观察法是对某种研究目的预先确定了的、有代表性的行为或现象，从背景、起因、经过、结果、持续时间等方面进行观察和记录。

二、观察法的运用

（一）教育观察法的优点

教育观察法是教育科学研究中最基本、最普遍的方法，它有着不少的优点：

（1）它能通过观察直接获得资料，不需要其他中间环节。因此，获得的资料比较真实。

（2）它是在完全自然的状态下进行的观察，能获得生动的资料。

(3) 观察具有及时性的优点，它能够捕捉到正在发生的现象。

(4) 由于近距离观察，观察能够搜集到一些无法言表的材料。

(5) 观察法简便易行，不必使用特殊设计的复杂仪器设备，不需要特殊条件，不妨碍观察对象的日常学习与生活，也不会产生不良后果，观察者不一定非要有很高的专业理论素养，所获得的资料可信度较高。所有这一切，使得广大教育工作者尤其是新教师乐于利用教育观察法开展小学教育科学研究。

由于教育观察法具有这些优点，因此在实际教学研究的过程中，教育观察法贯穿于教育科学研究的全过程，并在研究中起着十分重要的作用。

(二) 教育观察法的作用

(1) 观察是获取原始资料最基本的方法。

观察就是对教育现象发生发展的具体过程进行细致的系统记录，使研究者获得最原始的资料。它是其他一切科学研究的基础。

(2) 观察是课题选择和形成的重要来源，是发现问题、提出问题的前提。在教育科学领域中有许多有待研究的新问题，研究者只要善于洞察和捕捉，进行深入思考，就能透过现象发现和提出新问题。

(3) 观察是验证理论的重要手段。

教育科研结果的有效性与教育科学理论的正确性，可以通过多种方法进行验证。观察是检验科研结果可靠性和科学性的重要途径。尤其是某些暂时难以通过测量或实验进行验证的项目，更需要观察。

(三) 教育观察法的运用领域

教育观察法在中小学教育教学和教育科学研究的许多领域中得到了广泛的运用，并发挥其作用。教育观察的领域大致参考范围如下：

(1) 学生的学习、生活、娱乐等方面的情况，包括学生的学习时间、学习习惯，学生的生活自理能力、心理状况、消费状况以及学生的课外时间、空间的安排，在活动中的表现和感受，对不同活动的选择倾向，等等。

(2) 教师的教育、教学活动，包括教师在课堂教学中的活动情况、教师德育工作、教师作为班主任的教育活动等。

(3) 学生与教师的关系，涉及教师对学生的态度（民主、严格、专横等）、学生对教师的态度（亲近、疏远、钦佩、敬畏等）、教师教育行为与学生行为表现之间的关系等。

(4) 学生或教师的群体氛围，包括凝聚力、离散倾向、人际关系等。

(5) 学校管理，包括学校常规管理、学校办学特色、改革举措等。

(6) 其他教育因素的影响，包括不同教材、教学手段、校园环境对学生的影响等。

在具体应用中，教育观察法往往不是单独发生作用的，而是与其他研究方法一起协同作用；教育观察法的成果也往往不是单独发挥某项作用的，而可以综合发挥出多种功能。

（四）教育观察法的局限性

教育观察法同其他方法一样，有其自身的局限性：

（1）观察法受到时间的限制，某些事情的发生是有一定的时间限制的，过了这段时间就不会再发生。

（2）观察报告给我们的只是现象和结果，并不能直接观察到事物的本质和人们的思想意识。

（3）由于受到观察者本身的知识、经验、情感等方面的限制，观察者的观察记录也会受到影响，这是需要观察者认真预防和克服的。

（4）观察法有时也会受到观察对象的限制。对于涉及隐蔽、道德、隐私的问题，也不适合用观察法进行研究。

（5）观察法收集的资料是定性的描述，资料非常琐碎而且凌乱，不易进行分类和编码，需要观察者具备极大的耐心和专业素质，也要耗费大量的人力和费用，所以观察法不适合大面积调查。同时因为观察研究的取样范围和容量比较小，其代表性不够高。

三、实例分享

观察法的一个经典案例，是美国社会学家怀特在1936用了三年的时间做的一项关于“街角社会”的研究。在研究中，怀特选择了一个位于波士顿名叫“科纳威里”的意大利贫民区。为了进入这个社区，怀特尝试了很多种方法。最后，在一位社会工作者的安排下，怀特认识了当地青年帮伙中的一个叫多克的头目。多克同意做怀特的保证人，即“多克的朋友”，帮助怀特去观察和研究社区中的各种活动和人们之间的联系。怀特在科纳威里生活了三年的时间，和帮伙的青年人聚在一起，参与他们的各种活动。其中有一年半的时间是同一个意大利家庭住在一起。在长期的观察中，怀特收集了丰富、生动的资料，得出了有关群体结构与个体表现之间关系的一系列结论。

可见，观察法作为研究社会现象和自然现象的重要方法，在对为研究者提供细致、丰富、翔实的资料方面起到了非常重要的作用。

上述案例是一个典型的使用参与观察法的案例。而在我们的课题“高中课堂教学中提炼建构数学知识的行动研究”中，我们使用的主要观察法则是非参与，或者半参与型的。这种观察法作为教育教学研究中的基本方法，贯穿于课题的始终，我们在课题的选择、观察出现的问题、引导学生根据课堂学习中出现的问题进行归纳总结、观察改良教学方法的结果等方面，都大量运用了这种观察法。

本课题的参与者来自于重庆市沙坪坝区的某两所重点中学，大家长期奋斗在高中数学教学的第一线，有着丰富的教学经验。在这两年全国铺天盖地展开的全国新课程改革的过程中，课题组老师们一直坚持积极参与，通过教研、调研、调查问卷等多种方式认真观察本市其他学校老师的课堂教学情况、学生在新课程改革中的学习情况，收集并记录整理了丰富的资料。

在整理这些资料的过程中，教师们发现我们现在的课堂中，大多使用的方法是教师们将学生分成一个个的学习小组，通过评分的方式鼓励学生走上讲台展示自己的解答过程，并由其他同学作补充，而教师的工作最多就是做一下点评，上课的热度得到了很好的体现，学生学习变得积极主动了很多。然而通过观察对比学生在一个学期的上课、作业和考试情况，课题组成员发现学生在课堂上的积极性虽然得到了很大的提高，作业在小组合作的情况下也得到了不少的改善，教师貌似也轻松了很多，但是在考试中反映出来的问题却比较明显：学生数学概念不清，更加注重题目的解答，而没有注意格式，使得卷面显得较为凌乱；对于常见的基础题，全班做出的整体效果比以前好很多，但是在创新题的解答方面，显得没有思路，或者思路模糊。经过研究讨论，教师们认为这跟学生在学习过程中忽视概念，过度强调解题的速度和能力有很大的关系。我们不少教师目前所使用的教育模式还过于形式化，这种教学方式培养了学生解题能力和争夺分数的热情，但却陷入了“学习就是解题”的误区，并没有脱离应试教育的范畴。学生在课堂学习中是否经历了知识的形成过程以及是否理解了知识内容的真实内涵；遇到一个新问题的时候学生能否通过自己的思维发现问题，利用所学知识解决问题，并对所获得的知识进行总结归纳。这些能力的培养并没有在这样的课堂中得到体现。

得到这样的结论之后，由七位老师成立了此课题组，准备针对学生在课堂学习中暴露出的问题，让学生进行自主提炼建构数学知识进行研究，以提高课堂效率，培养学生提出、分析、归纳、解决问题的能力。

为了使得选择研究的对象具有代表性，课题组选择了一个文科重点班、一个理科重点班、一个文科平行班、一个理科平行班。首先根据教师们在平时上课、科研过程中发现的问题对学生进行问卷调查，以便于更深层次了解学生对自己现行上课方式和学习效果的认识。然后通过观察学生在课堂上的反应，渐渐调整教育教学过程中对学生的引导力度，教会学生如何通过在课堂学习中暴露出来的问题进行反思总结，自己归纳出数学中的重要概念、知识点，甚至方法结论，通过这样的方法来提升学生自主学习的能力。

为了观察调整教学方法之后的教育成果，课题组教师收集了实验班级整整一个学期的作业和考卷，并将这些作业和试卷跟同年级同类型的其他班级进行比较。在比较中很明显地看到，学生在处理与概念和基本方法有关的题目上显得更为扎实，正确率更高，而且老师们在上课提问、与学生交流的过程中也可以明显感觉到学生对概念的理解是清晰、系统的。课题组中一个典型的例子是，课题组一位教师在上完圆锥曲线那一章之后，在与班上一位成绩中等的学生闲谈时发现，这位学生一开始学习这一章内容的时候，对于概念的理解是不清晰的，对椭圆的定义和一些性质只能进行简单的记忆，而且在背诵这些概念的时候还时不时地出现理解不全面的地方，但是通过两三个星期的“自主提炼建构”的培养之后，这位学生不仅能够将椭圆、双曲线、抛物线的概念通过图形系统地描述出来，甚至还自己动手理出了这一章的清晰脉络。从概念到性质，从基本结论到基本方法再到基本技巧，全部用一个树状图描述得清清楚楚，甚至对这章里面最困难的部分——“圆锥曲线的综合问题”，还总结出了属于自己的一套方法。这位课题组教师了解到这些情况之后，故意在接下来的几周全年级周考题中安排了一些应用性比较强的圆锥曲线题目，发现实验班级的学生比同年级同等层次的其他班级的学生做得要好一些。

课题组老师对学生的观察，不仅体现在对学生自身表现的观察上，还体现在对学生身边的朋友和学生家长的观察上。学生的改变显然影响到了自己周围的朋友，形成了良好的学习氛围，同时在与学生家长的接触中，也了解到孩子对学习的兴趣和积极性明显提高了。

第五节　个案研究法

一、个案研究法概述

（一）个案研究法的定义

“个案”通常又被称为“案例”，是指具有某种代表意义及特定范围的具体对象。个案研究法（Case Study Method）是指对某一个体、某一群体或某一组织在较长时间里连续进行调查，从而研究其行为发展变化的全过程，这种研究方法通常也被称为个案法、案例研究法。具体到教育研究领域来说，这个对象既可以是一个人、一种课程、一个机构，也可以是一个事件或一个过程等。个案研究法就是广泛收集个例的资料，彻底了解个例现状及发展历程，对单一研究对象的典型特征进行深入而缜密的全面研究分析，确定问题症结，进而提出建议的一种研究方法。

（二）个案研究法的特点

1. 个案的典型性与问题的普遍性

个案研究的对象是与同类相比问题表现比较突出的教育研究对象，研究的对象有特定的范围、独特的情景。虽然个案研究的对象是个别的，但不是孤立的，因而对这些个别对象的研究必然在一定程度上反映其他个体和整体的某些特征和规律。个案研究的目的是在了解把握某个个体的具体情况的同时，通过对个案的研究，揭示出问题的普遍性。

2. 结果的描述性与过程的跟踪性

个案研究的研究结果是对研究对象丰富而极为详细的描述，通过讲述研究中的一个个故事和对研究过程中的“实物”进行生动细致的描绘，来引领读者更好地理解研究中的样本。个案研究既可以研究个案的现在，也可以研究个案的过去，还可以追踪个案的未来发展。由于个案研究的对象集中，所以研究时就有较为充裕的时间，对有关该研究对象的尽可能多的变量及诸变量在较长一段时间内的互动进行透彻深入、全面系统的分析与研究，因而个案研究往往具有跟踪性质。

3. 情境的自然性与互动的灵活性

个案研究可不拘时地，即可随时对研究对象做深入研究。个案研究一般都是在自然的情境下展开探讨，不会去改变外在的因素，研究者着重在一旁观看或是参与其中发生的过程，不添加任何外在的影响，对研究对象控制程度很低，重在自然状态下的表现。研究者参与到个案中，站在被研究者的立场上观察他们，探讨他们对事件的知觉过程，用他们的语言和概念与他们互动。

4. 方法的多元性与分析的科学性

个案研究资料的收集方法相当多元，为了收集到更多的个案资料，从多角度把握研究对象的发展变化，就必须结合教育观察、问卷调查、访谈调查、教育实验、教育与心理测量、实物分析以及整理查阅文件、档案记录等多种研究方法，综合行动研究法、叙事研究法等各种研究手段。一项个案研究中包括了有关一个个例的大量资料的汇集，以此代表整个现象，其资料收集范围甚广，包括过去的和目前的，资料显得很繁杂琐碎，必须精细分析，方能找到问题的真正所在，因此对资料的分析在个案研究中占据重要位置。每一个个案都有其独特的背景。个案的问题是长期形成的，因此，分析个案问题需考虑许多变项，不只探讨目前存在的问题，也要探讨目前问题的来龙去脉。

二、个案研究法的运用

（一）个案研究法对一线教师的意义

1. 个案研究在教师的日常工作中具有较高的可操作性

一线教师需要应对日常繁杂的教学工作，时间和精力有限，理论储备不足，进行严格的教育实验和大范围的教育研究都不现实。个案研究因其研究对象少、研究规模小、一般都在没有控制的自然状态中进行等特点，使教师有条件对个案的方方面面进行细致的研究。教师可以抓住个别典型的学生、教学行为、教学事件，结合教育教学工作实践进行研究。对于每一个教师来说，总可以随时随处找到自己感兴趣的研究对象，而且也不需要什么特殊的处理，不影响正常的教育教学活动。

2. 个案研究对教师的教学活动具有极强的实践意义

个案虽然特殊，但它准备揭示或予以验证的问题往往是具有普遍意义的。教师展开个案研究所关注的问题往往是困扰、影响自身及同事教学目标达成的问题，只有解决了这些问题，才能保证正常的教育教学工作顺利开展，这就促使教师在压力下萌发出进行个案研究的热情。个案包括一系列过程、事件、个人或研究者感兴趣的其他事，如教学计划、课程、教师角色和学校事件等，是教师朝夕处身期间的，他们可以随时收集研究所需要的资料，这是其他研究不具备的优势。而个案研究所使用的方法，如访谈法、观察法、调查法等，对大多数中小学教师来说并不陌生也不复杂，在日常教学工作中经常用到，个案研究的这些实践性和便于操作的特点，能够增加一线教师从事研究的主动性和自信心。

3. 个案研究对教师的专业成长具有积极的促进作用

个案研究能够促进教师进行自我反思，教师的自我反思有助于教师的专业成长。教师在确定了研究问题后，需要对研究个案进行长时间深入细致的跟踪调查，不断主动追寻问题的症结所在，这就迫使教师必须经常追问自己“是什么”“为什么”“怎么样”等问题。这种不断自我反思的过程，能够帮助教师朝着专业化方向迈进。个案研究还能够加深教师对教育理论的理解，教师可以选取典型事例写成案例，通过案例的形式学习、运用理论，有效地把理论学习与教学实践紧密结合起来，使教育理论能落实到实践中并指导实践，使案例成为沟通理论与实践的桥梁。个案研究促使教师对所遇到的问题进行不断的思考，在总结经验和教训的基础上，归纳出具有教育规律性的东西，从而深化对教育理论的理解。

（二）个案研究法的步骤

1. 确定研究问题，选择研究个案

无论什么样的研究，确定所要研究的问题和选择合适的对象是进行研究的起点。研究的问题可来自对理论的疑惑与追问、对相关文献的阅读反思以及自己工作实践中遇到的具体问题。确定了问题以后，个案研究一般采用目的性抽样的方法确定个案，即根据研究目的抽取那些能为研究提供最大信息量的样本。此外，研究者还要确定的一个问题是选择单一个案还是多个个案进行研究。通过对多个个案的研究所得出的结论比对单一个案研究得出的结论更有说服力，但开展多个案例研究需要投入大量的资源和时间，需要研究者根据研究问题与理论假设斟酌而定。

2. 收集个案资料和数据

对个案资料的数据收集可以分成两个阶段。第一阶段，可以通过文献检索的方法，收集与研究问题和个案相关的各种资料，如相关的研究论文、研究报告、官方文件资料及个案所处的社会背景、环境等，从而为实地阶段的研究做好充分的准备。第二阶段是进入现场对个案进行全面深入的考察。此阶段对个案研究来说，并没有什么专门的收集资料的方法，而是多种方法兼收并蓄，只要是有利于自己发现问题、解释问题的方法，都可以进入个案研究。

3. 个案资料的整理和分析

在整个研究的过程中，个案资料的整理和分析与资料的收集工作事实上是同步进行的。研究者要遵循资料收集、整理分析，根据分析的结果及时调整研究问题和方法，再进行资料收集、整理分析，这样一个循环往复、逐步深入的原则。首先，研究者必须一遍一遍地阅读收集到的资料，剔除无用的资料，归类有用的资料，确定对个案发展有突出作用的某些因素，从而对个案做出正确的诊断，根据分析的结果及时调整研究问题和方法。分析资料的过程，也是对资料进行整理、简化和不断抽象的过程。其次，在进行整理分析资料时，呈现个案特征的材料应力求客观，在强调对个案进行符合事实分析的基础上，研究结论和推论中可以有研究者价值的介入。

4. 撰写个案研究论文和报告

研究者应通过个案研究，不断总结经验，把初步的感性认识加以探索性的实践，上升到理性认识，然后把解决该问题的一些观点用语言文字表达出来，形成个案研究的论文。研究报告则是对整个研究大量工作的归纳总结，除了总结归纳案例研究过程与特点之外，更需要对研究成果进行罗列、分析，使个案报告具有可操作性。

三、实例分享

“小学口风琴教学曲目开发与使用研究”是西永第一小学 2011 年 5 月被沙坪坝区教育科研所批准立项的教师成长课题，是一个成功的个案研究案例。该课题历时两年，分三个阶段，分别为研究准备阶段、全面研究阶段、后期总结阶段。

（一）研究准备阶段（2011 年 9 月—2011 年 10 月）

1. 选定课题

在义务教育阶段，音乐教学的任务就是要面向全体，培养学生的音乐兴趣，提高审美能力，使每个学生的潜能都得到开发，并从中受益。由于种种原因，课堂器乐集体教学的普及始终是我区学校音乐课中的一大难点，与国内先进地区相比，我区的小学生器乐普及水平尚有不小差距。经过该校音乐教师在器乐教学多年的实践后，发现口风琴这项乐器具有经济、携带方便、音色优美、和声丰富的特点，既能伴奏又能独奏，同时具有极强的表现力，掌握它的演奏可以为以后弹奏钢琴、吹奏管乐器打下良好基础，较适合于“面向全体学生”进行教学，可以在音乐课堂教学或课外音乐实践活动中进行推广，但目前没有可供小学教学直接使用的演奏曲目，一本实用的曲谱集成为迫切的需要。因此，确定了研究课题——“小学口风琴教学曲目使用与开发研究”，初步撰写了课题研究方案。

2. 组建了课题研究团队

教师的成长离不开自身的努力，更离不开一个良好的、团结奋进、互相信任的团队。该课题由一位专职音乐教师、一位兼职音乐教师和一位计算机教师组成。

3. 前期培训

为保证课题研究的科学性、可行性和方向性，课题组对课题组成员进行了前期培训，主要是让成员们学习总课题组的方案及器乐教学的相关理论。

（二）全面研究阶段（2011 年 10 月—2013 年 5 月）

1. 高度重视，上下一心

西永第一小学从 2004 年就开始在部分学生中进行口风琴的教学尝试，在申报正式成为区级成长课题后，学校领导和全校教师高度重视，充分认识到学校艺术教育活动的地位和作用，把课题实施与口风琴特色项目实验的开展结合起来作为我校推进艺术教育工作、全面实施素质教育的一项重要工作。为了更好地开展口风琴特色项目实验活动，学校给每位教师配发了一把口风琴。有了前期实践的基础，再加上行政力量的扶持，学校真正做到了口风琴在全校师生中的普及。

2. 加强学习，多多练笔

为了让老师们尽快进入角色，更好地开展研究工作，课题组通过多种渠道组织课题组教师学习，先后学习了《音乐新课程标准》《中小学音乐教育》《口风琴教学指导》等。通过学习，成员们进一步了解了口风琴教学理论基础，明确了音乐课堂中如何渗透器乐教学，让口风琴成为辅助音乐学习的重要手段，也为研究工作奠定了一定的理论基础。另外，还要求每位主研人员到网上查阅相关资料，并撰写读书心得，组织大家交流。在课题研究期间，课题组教师将心得、体会撰写成论文，有 9 篇论文获市区级奖励，其中课题组长黄燕君老师的论文《浅谈口风琴在小学音乐课堂教学中的有效结合》还先后发表于《中小学音乐教育》2012年第一期和《进修与教研》2012年11月总第68期。

3. 立足课堂，讲求实效

坚持以课堂教学为中心，围绕“小学口风琴教学曲目的开发与使用研究”这一主题，采取课例研讨的形式促进课题研究，积极开展一课多研的教学活动，通过研究课题共同进步和提高。在课题研究期间各位主研轮番上阵，各有侧重点：李俊燕老师执教一年级《我有一只小羊羔》，就口风琴入门的教学进行交流、研究。黄燕君老师执教三年级《顽皮的杜鹃》和《原谅我》一课，就口风琴与教材歌曲教学开展课例研讨活动；执教五年级音乐课《雨中》，就口风琴与合唱教学开展课例研讨活动。新教师陶姝在任教的第一学期就执教了一年级《鹅》这一课，课中，她针对学生口风琴演奏、歌曲演唱良好的习惯培养进行了实践研究；在第二学期，同样是一年级的《时间的歌》一课，由于使用口风琴巧妙介入，帮助学生解决了歌曲学习中的难点。通过课题研究课，教师们共同进步和提高，同时也在讨论、交流中获得了许多宝贵的意见和建议，对音乐组教师今后的教学和教研提供了一些帮助。

4. 课内课外，训练到位

(1) 音乐课落实常规训练，在授课中，教师们对学生站、坐、持琴的姿势、吹管的摆放都有严格的要求；对学生演奏时手指的站立、正确的呼吸、合理的指法等进行严格的训练。教师有针对性地指导，逐一纠正错误，保证课堂器乐教学练而有序、弹而不乱。任课教师注意发现苗子，做好过程记录。

(2) 进行全体教师集体培训，通过训练让教师掌握正确的演奏方法，熟悉、吹奏规定曲目。周三、周四午会10分钟的训练主要是结合学校必吹曲目和音乐教师布置的任务进行练习，重点强调学生的手型、节奏，鼓励辅导教师创造性地开展班级训练，下班教师做好组织工作，巡视教师注意发现问题及时纠正。

(3) 充分利用课余时间和课外活动时间，组织学生以小乐队组合开展自主、合作、探究学习，将课内学习的内容在课外巩固、延伸、拓展。在课堂上提供一定的空间，让学生将课外演奏的乐曲进行展示，课上课下相互交流，形成良好的学习氛围，使学生口风琴的演奏在得到普及的同时也得到了提高。

(三) 后期总结阶段（2013年5月—2013年6月）

1. 提炼成果

(1) 在课题研究工作中，我们紧紧围绕现用音乐教材中的教学内容收集、整理、编排了一些练习、曲目、案例等，用这些资料编写了《小学音乐口风琴教学指导》一书，对于一线音乐教师开展口风琴教学有很好的指导作用。该教材在沙区“区域性推进义务教育内涵式均衡发展的实践研究”课题优秀成果评比中获“特色课程”类二等奖。

（2）将研究过程中的教学研究课制作成课堂教学实录光碟。

2. 申报结题

（1）收集、整理和分析研究过程资料，撰写“‘小学口风琴开发与使用研究’课题研究结题报告”。

（2）填写“课题评审报告书”，向有关部门申请鉴定与验收。

综上所述，本课题研究切入课堂教学的实际，在实践操作上探索小学口风琴教学曲目的开发与使用。从一个新的视角研究音乐课堂教学，全面提升音乐课堂教学质量，提高教师课堂教学水平，培养学生的音乐能力与素养，促进课堂教学优质化。

第六节　行动研究法

一、行动研究法概述

（一）行动研究的起源与发展

行动研究（Action Research）起源于第二次世界大战结束时的美国。首先是来源于政府行为中的应用人类学研究，其主要代表是约翰·柯利尔。他认为，研究结果必须能为实践者付诸实施并在实际工作中得到检验，因此，柯利尔鼓励实践者参与研究。自此，他把这种实践者在行动中为解决自身问题而参与进行的研究称为“行动研究”。其次是著名的社会心理学家勒温和他的同事在社会心理学领域的研究，实践者以研究者的姿态，在研究中积极反思和改变自己的境遇。勒温将这种结合了实际工作者之智慧和能力的研究称为“行动研究”。最后是来源于教育领域尤其是课程方面的研究，英国学者劳伦斯·斯坦豪斯勉励教师将自己本身视为研究者（他在20世纪70年代中期提出了“教师即研究者”的思想）。自此，行动研究很快影响到整个教育实践领域。

（二）行动研究法的定义

在随后的发展过程中，人们对于“什么是行动研究”都有着各自独到的见解。那么，综合起来，从研究环境、研究者、研究方式、研究目的和研究性质给它下一个定义，即：行动研究（这里主要指教育行动研究）是指在真实的工作情境中（教育教学实践中），由实务工作者（教育实务工作者，通常指教师），根据自己在实践中所遭遇到的实际问题，综合运用科学的方法（观察、调查、试验、对比等），寻找解决问题的途径和策略，并通过在实际行动中付诸实施，进而加以评鉴反思、回馈修正，最终解决实际问题，并获得专业成长与提升的一种研究方式。因此行动研究不仅是为了解决实际问题的需要，在教育实践过程中进行的一种“提高实践”的研究方式，而且是将“行动”与“研究”结合起来的一种“自我反思”的教育实践过程，其“做中学”的本质更使它成为实现教师专业化发展的重要途径之一。

（三）行动研究法的特点

1. 以解决教育实践中存在的实际问题为研究目标

虽然行动研究将解决实际问题放在第一位，但并不是说无助于也不关心“一般知识”和“理论”的发现、产生。实际上，教师在进行行动研究时，往往是一边研究一边解决问题的同时，在实践中发现一些规律。只是行动研究的“实用价值”高于“理论价值”。

2. 研究者兼具行动者与研究成果受用者的角色

行动研究使研究者从“局外人”直接进入“研究者”角色，扫清了研究成果难以从理论形态转化为实际运用的障碍，使教师由被研究的客体转变成具有自主性的主体。

3. 在真实的教育教学实践过程中研究与行动相结合

行动研究是为了行动而研究，一边行动，一边研究，通过研究来改进行动从而提高行动的质量。其研究过程也是实践过程中边实践边研究边解决问题。

4. 以合作的方式进行

行动研究的环境就是教师工作于其中的实际环境，因此，开展行动研究必须有相关的研究者参与合作。

5. 过程是具有动态性的不断展开的螺旋过程，重视研究者的自我反省

一种动态研究，教师需要不断地根据目的，检讨、调整、修正自己的行动，并形成新的行动。

每一个“研究—行动”回路会导致另一个“研究—行动”的进行，是一个连续不断的历程。其展开过程是“计划—观察—行动—反省”的循环。行动研究的特点之一正是不断地循环检讨、修正与创新的历程，而其中反省与再规划必须不终止地进行，直到问题得到真正的解决为止。

真实的行动研究不是很有序，没有正式的开始、中间和结尾。研究方案可以不断修改，方法可灵活多样。

总的来说，行动研究的特点概括如下：为行动而研究，在行动中研究，由行动者研究。问题即课题，工作即研究，教师即专家，效果即成果。

（四）行动研究法的种类

行动研究法大体上有两种，一是独立进行的研究，二是合作性的研究。还可分

为三个层次：

（1）单个教师的行动研究。

（2）协作型的行动研究（理论工作者与教师合作）。

（3）学校范围内的联合行动研究。

（五）行动研究法的适用范围

行动研究的范围包括三个方面的内容：

（1）本体论——我们如何看待自己的方式、理论。

（2）认识论——我们如何理解知识，包括如何获得知识。

（3）方法论——我们如何做事情规划。

从教育的角度看，行动研究法主要适用于教育实际问题而不是理论问题的研究。具体表现为：将课堂教学改革措施实施于教学过程，中小规模的课程开发与实施，校本管理的完善和改进，探索教师专业化成长的技术和方法，对学生成长过程中的教育问题进行改革。

二、行动研究法的运用

（一）行动研究法的价值与作用

行动研究的价值和作用主要体现在以下三点：

（1）缩小理论和实务的差距，矫正传统学术的缺失，体现被研究者的主体价值。

（2）发现实务工作的问题，能即刻反省并提高行动质量，改进实际工作，解决实际问题。

（3）增进实务工作者的自觉意识，促进实务工作者的专业成长，帮助实务工作者成为一位能够独立从事研究的行动研究者。

近年来，随着新课程改革的推进，人们越来越认识到，没有教师参与的教育研究，是无法使教育研究成果很好地在教育实际中加以运用的，改革需要教师对这些“新生事物”做出评价与讨论。不仅如此，基于培养创新型人才需要创新型教师的共识，“教师即研究者”作为一种观念越来越深入人心。人们认为教师有责任审慎地对待他们的教育实践，有责任对他们的行为进行反思。因此，让教师以行动研究法的方式参与到关于教学实践的研究中更是教师专业化的需求。如今，教师从事研究，已经不完全是出于缩小理论与实践之间的差距的考虑，教师通过用科学的方法对自己的行动进行研究，对自己的实践进行批判性思考，进行自我反思，最终在解决自己实践中存在的问题的同时提升自己的专业能力。

（二）行动研究法的模式与步骤

1. 基本模式

行动研究是一种螺旋式加深的发展过程，每一个发展都包括计划、行动和反思三个相互联系、相互依赖的基本环节，如图 3-1 所示：

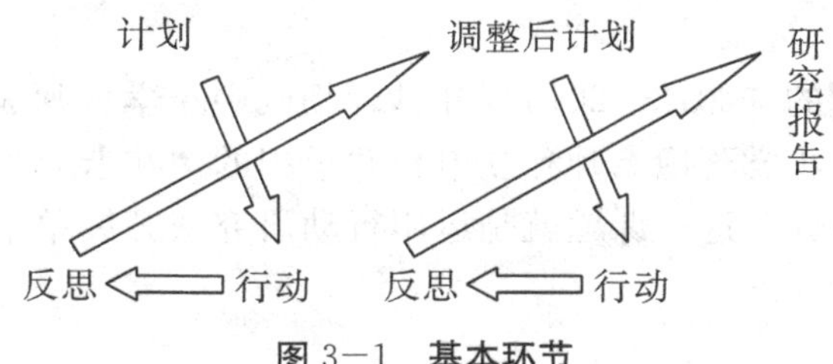

图 3-1　基本环节

2. 具体步骤

(1) 计划。

①明确问题。

发现教育教学实践中存在的问题，提炼、概括并明确问题。

②分析问题。

对问题进行初步研究，了解问题研究背景，认识问题研究意义，分析问题成因，查找解决问题的有关理论及政策依据，界定问题的核心概念。

③制订计划。

拟订研究目标、内容，确定研究方法，制定研究步骤和具体措施，预设研究成果。

(2) 行动。

①实施计划。

按照制订的计划开展具体的教育教学实践研究行动。

②效果监控。

在行动过程中，通过观察、访谈、调查和记录等方法，搜集有关资料，及时掌握计划实施情况，特别是发现反馈信息中出现的新问题。

(3) 反思。

①分析总结。

在经过一段时间的行动，收集了相关数据之后，对原先的“计划”和“行动”及“结果”进行评价，并形成阶段小结。

②调整修正。

根据信息反馈及时调整修正行动计划，以补救研究偏差，使行动研究更有效，并准备进入下一个行动研究的循环中。

(4) 研究报告。

整理研究的相关资料，梳理研究过程，提炼研究成果，调研本课题研究的影响与效果，分析研究过程中存在的问题。

三、实例分享

在已顺利结题的“2012—2013学年沙坪坝区中小学教师成长课题”的众多课题中，由高滩岩小学蒋艳老师独立申报并承担的“在卡通画教学中对学生创造力培养的策略研究”这一课题就是运用行动研究法开展单个教师的行动研究的典型案例。

1. 选题

该课题的申报者是一位一线美术老师。作为80后青年美术教师的她原本就酷爱“卡通”这种艺术形式，希望将卡通带进课堂，将卡通画创作中能肆意挥洒创意的自由和快乐与学生分享，因此她选择了自己从教以来一直在思考又感兴趣的问题进行课题研究。站在学生的角度，卡通画是学生非常感兴趣的美术形式，但一些主、客观原因使得学生在卡通画的学习和创作中缺乏创造力。站在学校的角度，打造动漫这条美术特色道路需要创造力作为基石。所以这就更坚定了她将与自己教学联系十分紧密且亟待解决的问题作为研究主题的决心。

这一选题正好契合了行动研究的特色，即“以解决教育实践中存在的实际问题为研究目标”，同时作为“研究者”的她既是该课题研究的“行动者”又是研究成果的“受用者”，兼具的三重身份使得这位教师的课题研究更具自主性、实践性和针对性。

2. 分析问题，制订研究计划

明确了研究主题后，就需要对课题的核心概念进行详细的界定，该课题需要界定的核心概念有：卡通、卡通画、卡通画教学、学生、创造力、策略。通过这样的界定，使得研究者对自己的研究问题有更深入的认识和更准确的把握。

接下来还需要对课题相关文献资料进行收集、整理与学习，为今后的研究提供理论基础。该课题在研究中查阅的相关文献资料比较丰富，除了《漫画概论》《新世纪卡通漫画技法》《漫画分镜头表现教程》这些与卡通和卡通教学直接相关的一系列资料外，还涉及《美术教育学新编》这一类美术教学专著和《1979年以来的中国艺术史》《写意油画教学》之类的美术专著以及《义务教育美术课程标准》之类的政策法规，力求在对这个很有针对性、很实际、很具体的课题进行深入研究的同时，还能适时退出来，站在更广阔、更宏观的一个“大美术”范畴，从另一个角度来进行思考和研究。

在理论研究的基础上，还应该进行问题分析。该课题针对学生在卡通画创作中进行机械模仿的实际状况进行分析，找出了“小学生年龄特征使其表现能力有限”“没有针对小学生的系统的卡通画创作教程”“小学生对卡通画缺乏正确的认识”和“小学生的卡通画创作缺乏与生活的联系”等表层因素以及“学生自身创造力缺乏”的深层次本质。

经过这一系列前期研究工作，就可以制订研究计划了。在计划中需要初步拟订研究目标和研究内容、研究方法和措施以及预期成果。该课题的初步计划中制定了“探索出能培养学生创造力的有效卡通画教学策略”和“使学生能创作出原创的卡通画作品，从而达到对自身创造力的培养”两个目标，并针对这两个目标确定了“卡通画教学中的教学内容、教学方式与方法的研究”和“卡通画创作形式与创作内容”的研究内容。之所以说这是“初步计划”，是因为行动研究法有一个最大的特色，即它是一种动态研究，其过程是螺旋式加深的发展过程，是一个个连续不断的循环检讨、修正与创新的历程，研究方案可以不断修改，方法可灵活多样，直到问题得到真正的解决。

3. 实施计划

在实施行动研究的过程中，该课题特别注重理论与实践的结合。按照研究计划，课题研究者将在前期的理论研究和学情研究基础上探索出的“能培养学生创造力的卡通画教学策略”全面运用到自己的教学实践中。例如在该校卡通兴趣小组开设的动漫特色课程中实施了“半命题卡通画”教学模式，促使学生在临摹与创作相结合的教学模式中，通过临摹掌握技法，通过创作训练创意，达到技法和创意的共同提升和相互促进，从而实现对学生创造力的培养。在日常的美术课中，研究者不仅利用教材中所包含的卡通课程培养学生的创造力，还将卡通元素融入非卡通课程中，在导入、新授以及作业环节为课堂注入新的生机与活力，以“卡通助学”的方式培养学生的创造力。这种通过在大量的、丰富的教学实践活动中实施并检验自己研究策略的做法正是行动研究法的“在真实的教育教学实践过程中研究与行动相结合”这一特点的体现。

4. 观察分析

前面提到，行动研究法是不断地循环检讨、修正与创新的历程，那么通过多种方法来对之前的计划实施情况进行观察，对行动效果进行监控分析是非常重要且必要的。该课题研究通过对兴趣班和非兴趣班学生课堂表现情况的观察，通过对兴趣组开展“半命题创作”教学模式以来全体学生创作的系列作品的分析，通过对各级各类美术竞赛和活动的参与及获奖情况的统计，通过定期对各项研究结果的记录和反思及总结，及时地发现反馈信息中出现的新问题和新情况。例如《新课程标准》中“关注文化与生活”的课程基本理念还体现得不充分，需对其进一步挖掘来加强对学生创造力的培养的问题；以及随着我区对“卓越课堂”行动的开展，前期行动中实施的“半命题卡通画”教学模式应与时俱进地体现“卓越课堂”的相关理念的新情况等。这些由观察分析“行动”而获得的新的问题和情况正是教师需要不断地根据目的，检讨、调整、修正自己的行动，并开展新行动的助推因素。

5. 修改计划

根据之前行动中出现的新问题和情况，该课题研究者对最初的研究计划进行了调整，将课题研究计划细分为两个阶段，前一阶段作为“对学生创造力培养”的基础研究，后一阶段作为“进一步提升学生创造力”和“形成对学生创造力持续促进”的深层研究，并且将前一阶段的研究周期缩短，使课题提前进入后一阶段的研究中。这样的修改是之前无法预设的，是由在研究过程中随着行动的开展出现的不可预知的新状况决定的。同时，这样的修改也使得该课题的研究向着更深层次的方向发展，从而进入了更高一级的循环周期。这些都体现了行动研究法螺旋式加深的发展过程。

6. 再实施

在第二阶段的行动过程中，该课题研究者将自己探索出的美术学科“卓越课堂”五环节教学模式与之前的“半命题卡通画”教学模式相结合，在兴趣小组特色课程的教学实践中继续实施。并在卡通画的“表现手法”和“表现载体”上进行探索，将丙烯画这种新的表现手法和墙壁、T恤这些新的表现载体引入学生的卡通画创作实践活动中。还通过对“跨界小组合作”以及“具有挑战性的学习与创作”这些“卓越课堂”理念在“百米长卷”和“安全海报设计”等学生活动中的移植和改进，以及“卡通自画像创作”和“小组评分表制作”之类的与学生学习生活联系紧密的创作活动的开展，使得“进一步提升学生的创造力”和“形成对学生创造力持续促进”以及“使其创造力在自身的学习生活及校园文化建设中凸现”的研究目标得以实现。

7. 总结提炼研究成果

通过为期一年的扎实研究，该课题在最后总结阶段不仅提炼出了系统的理论成果，即探索出了与研究目标相对应的“以‘半命题卡通画’教学模式提升技法与创意”“以跨界小组合作迎接具有挑战性的学习与创作”和“树立关注文化与生活的艺术态度”三种在兴趣活动中培养学生创造力和针对日常教学“在‘卡通助学’的同时培养学生创造力”的有效策略。

该课题研究期间在学生中共开展了11项丰富多彩的特色创作活动，留下了一批批充满创造力的作品，相关学生还在各类区、市级美术竞赛中屡获佳绩。在校园文化建设中，动漫兴趣组的孩子们更是贡献出了自己的创意与激情，让优秀的卡通作品点缀在校园的各个角落。并且从卡通画教学课时量的统计结果看，“使卡通画教学成为学校特色课程”的目标也基本实现。此外，课题结题阶段，由7个板块构成，共收录200余件学生原创卡通作品的《高小动漫工作室作品集》出版。这些都体现了该课题获得的丰硕的实践成果。

参考文献

[1] 高尚刚，徐万山．中小学教师课题研究指导［M］．北京：中国轻工业出版社，2008.

[2] 孔繁霞．行动研究与教师专业发展：大学英语教师 ESP 方向［M］．福州：东南大学出版社，2013.

[3] 李强，覃壮才．教育研究方法教程［M］．北京：北京理工大学出版社，2009.

[4] 张晓辉．教师如何开展行动研究［M］．长春：东北师范大学出版社，2010.

第四章　流程导引

教育科学研究是整个科学研究体系中的一个分支，它以人类社会特有的教育现象为自己的研究对象，探索人类教育活动的客观规律。教育科研以教育人的教育实践为基础，并通过其研究成果为教育实践服务。课题研究是中小学教育科研的基本形式，科研目标主要是通过课题研究来实现的，一切科研活动都围绕课题研究而运转。进行教育科研课题研究需要遵守基本的操作流程。

一般而言，教育科研课题研究工作分为前期准备、过程实施和后期成果总结与推广三个阶段。其基本流程为：课题选择—课题开题—课题实施—成果总结—成果鉴定—成果应用和推广。

第一节　课题谋划

开展课题研究，就像修建房屋一样，首先需要设计一个蓝图。这个蓝图又可以叫作顶层设计。也就是对所要研究的对象进行一番深度的思考，对行进路线进行勾画。这一环节包括选题、假设、文献综述、方案撰写、课题申请与课题开题。

一、选择课题

选题即对课题进行选择。这项工作一般需要做好以下五个方面：

（1）必须用先进的教育观念和理念审视本地、本校、本学科存在的问题，并将这些问题排序，由易到难，先易后难。选题一般要经过以下三步：

①确定研究范围：范围一般依自己的兴趣确定，但有时也由上至下，集中力量攻关。如将差生教育、研究性学习等确定为自己的研究范围，不盲目追求大范围。

②提出问题：确定了研究范围，只是确定了研究方向，还需要围绕范围提出问题。将这些问题排序，由易到难，先易后难。

③选定合适课题：范围定了，提了很多问题，从中选择适合自己研究的问题。

做课题的目的是解决问题，所以选择问题是第一步。问题划定了研究实施的领域，如行政、管理、成人教育或特殊领域等，是一个边界的划分。如“中小学校长课程领导力评价研究”，定义了研究的领域是教育行政，进一步的分析是教育行政中的领导素质，是素质中的领导力。

（2）确立问题，需要关注两个要素：一是问题真伪，二是思维方法。

求真是科学的本质特征，如果问题为假，所有的研究也就没有意义。只有对真问题的研究才是有价值的研究。什么是真问题？就是从教育实践中抽象出来的，在现实中使教师困惑的，需要解决、也许能够解决的问题。假问题是在一个未经证实的理论假设的基础上推演出来的。某些假问题，是先有一个假设，然后根据假设推演出一个问题来，然后去解决。鉴别问题的真伪，这里有一个简单的标准，就是这个问题需不需要解决？别人已经解决了吗？解决了多少？不能回答这些问题，这个问题可能就是假问题。问题来源的路径很多，譬如，可以从已有的成功经验中去寻找，可以从面临的突出问题中去寻找，可以从教育发展的大趋势中去寻找，可以从特有的资源优势中去寻找，可以从教育理论中去寻找，等等。根据研究团队的特点、强项和需要解决的情景去寻找问题，应该能够找到教育教学中需要解决的问题。

（3）确立问题，一般来讲可以从三个角度考虑：

①问题是否适合作研究课题。a. 是否属于教育科学领域的问题；b. 是否具有普遍意义；c. 有没有明确的范围、任务；d. 问题能否通过研究得以解决。

②问题是否有价值。需要考虑两方面：一是问题的需要性，应选在教育实践中迫切需要解决或在理论上有较大意义的课题；二是问题的新颖性，新的问题或同一问题新的角度，即要有一定的创新性。

③问题是否可行。应考虑完成课题研究的主客观条件，这些条件主要包括：a. 研究能力；b. 时间保证；c. 资料的收集；d. 必要的资金保证；e. 领导的高度重视与支持等。

（4）确立问题的思维方法主要采取归纳法与演绎法两种。所谓归纳法就是从众多同类现象中进行归类，提炼出一个需要解决的问题。归纳法有完全归纳法与不完全归纳法之分。完全归纳法就是穷尽所有选项，一个不漏，漏掉一个就是不科学的。不完全归纳法有简单枚举法和科学归纳法。简单枚举法就是我们通常所说的举例子，科学归纳法就是寻找被归纳对象的共同特征。在科研活动中，不完全归纳法是主要使用的方法。我们赞成从问题的提出阶段就从归纳入手，也就是说研究的问题必须有相当数量的教育现象做支持。为什么要研究这个问题？是因为普遍存在某种现象，这种现象背后反映出这个问题，研究的目的是把现象搞清楚，把现象背后的问题分析出来。只有把问题还原到生活中，还原到教育实践中，这样才能够认清问题的本质。

(5) 在问题的选择中还需要方法论的指导，要具有复杂思维。所谓复杂思维是这样一种思维，它充分考虑世界万事万物之间的联系方式，这个方式是多元联系，多向延伸，多层发展。多元联系讲的是多种方式的联系，多个节点的联系，而非单一的联系。同时，世界又是系统的，具有要素、结构、功能的特点。要素就是主要元素。几个主要元素以某种方式组合在一起，表现为某种结构，这种结构的整体效果的体现就是功能。发展的观点是指不能用一种死脑筋来看待事物，因为事物无时无刻不在变化之中。所谓一个人不能跨入同一条河讲的就是这个道理。以课堂教学为例，课堂具有多元性、即时性和历时性的特点。多元性就是多种因素的集合。教师、学生、课程、教学方式、氛围、光线、温度等，就是多元性的体现；教育教学效果也会是多元的，一个学生的进步，可能是教师教学方法得当，也可能是学生努力的结果，也许还是家庭请家教的结果，等等；单一地指认结果的原因，不具有说服力。即时性是指课堂的“当下”时间，失去了即时性，也就是对课堂教学的最大的放弃。历时性是指教学要经过一个时间段的积淀才能够真正产生效果，是教学滞后特点的反映。所以，面对复杂多变的教育现象，采用复杂思维是必需的，也是明智的。

二、提出假设

课题选定后，研究者要在头脑中盘算、思考如何解决所要研究的问题。这需要在一般科学原理指引下，根据已收集到的资料和事实，根据自己的知识和经验，运用想象力和创造力，对即将进行的未知事物的变化规律、本质、发展情况等问题，进行综合性思考，然后提出一些初步的、尝试性的设想和解释。而有的研究假设其实就是研究的结论。在开始研究的时候，研究者就应该对研究的可能结果有一个初步认定，并设计出有效的研究过程，通过研究过程收集、记录事实数据用以证明自己的假设。有确切的事实证明自己的假设，假设就是正确的，就可以转化成为科研的结论；没有充分的事实证明自己的假设，假设就是不正确的或不够正确的，也可以得出相应的结论。

与假设紧紧连在一起的是归因分析。教育实验中有三种变量：自变量（由实验者主动操纵的，对实验结果起决定作用的原因变量）、无关变量和因变量（随自变量的变化而变化的结果变量）。通俗地讲，自变量是条件（如措施、方法等），因变量是目的（如教育教学质量、学生素质、情感、态度、价值观等），无关变量是除自变量以外的一切可能影响实验结果的因素（如教师因素、家庭社会环境等）。三者的关系是：自变量的变化引起因变量的变化，同时，无关变量的变化也会干扰因变量的变化。假设的表述应做到：①以叙述的方式加以说明，不能以提问的方式表述；②假设应该说明两个以上变量的关系，但在每一个假设中，只陈述两个变量之间的关系，要说明两个以上变量之间的关系可以用一组假设；③假设有待检验，因此必须用操作性语言表述。

三、文献综述

所谓文献综述就是对本问题的已有研究成果，尤其是对先前有关研究和理论文献进行分析、整理、提炼的活动，目的是为做好本次研究提供经验、案例和理论依据。这一工作对后期研究具有非常重要的意义。文献研究首先需要细致收集有关研究成果和文献，尽量做到不遗漏。比如，一个概念有几种说法，每一种说法的背景是什么，你都要收集。这是文献研究的第一步。另外，你要对所收集的文献进行分析并综述，找出与你所研究的问题相关的观点、思想、方法、经验、成果和不足，以明确你所研究的内容在研究者视野中的位置，寻找到支持你研究问题的观点、方法等。只有这样，你的研究才不会导致无效或低效的重复。

四、方案撰写

撰写课题研究方案其实就是对研究进行整体设计，是研究者为完成研究任务而必须进行的总体谋划。研究方案既可以保证明确的研究方向，又可以保证研究的有序进行，同时还有利于课题的论证、评价和管理。

这一步就是设计研究的对象、范围、目标、内容、方法、原则、路径、步骤等，是一个系统性的工程，需要以系统的观点去思考与统筹。建立研究系统中各要素的呼应关系，厘清其内在逻辑关系，是研究方案设计的重要任务，也是后续研究工作的主要任务。

课题研究方案，一般要回答为什么要研究、怎样去研究、能研究出什么等三个问题。

制订课题研究方案包括：准确表述研究问题和分解研究问题，将研究问题转换成假设，确定采用研究方法，安排研究计划及人员分工，课题研究的组织和协调等。

（一）分解课题研究目标，抓准研究切入点

（1）确定研究目标。确定研究方向或研究主题、总体目标。研究目标可分为平行目标、层次目标和综合目标等。

（2）选定研究切入点：一是从基础性的、容易的、关键性的问题中选定，二是从已经成功的经验中去寻找，三是从学校教育面临的实际问题中去寻找，四是从教育发展的趋势中去寻找，五是从教育科学理论中去寻找。

（二）明确研究思路，确定研究方法

（1）理清研究思路。通过对研究问题进行正向分析、逆向分析和化归分析，理清和形成研究思路。

（2）课题研究的基本方法。教育研究方法有主法和辅法。主法有观察法、调查法、文献资料法、教育实验法、经验总结法、比较研究法、个案研究法、行动研究法、反思研究法和质的研究法等等，辅法有统计法、测量法和问卷法等。

（3）课题研究方法的使用与选择。不同类型（内容、条件）的研究课题有不同的研究方法，可以从不同角度、按照不同的标准选择研究方法。

一是以研究过程的阶段为标准，按阶段研究任务确定方法。

二是以研究对象的性质为标准，按研究对象确定方法。

三是以课题研究的延续性为标准，按延续方向确定方法。

四是以研究所采取的技术手段划分，选择不同的研究方法。

（三）开展理论思维，提出研究假设

研究假设是研究者将研究问题中的概念转变为能通过观察来计量的变数思考时预测的研究结果（也称“半成品”）。

（1）积极开展理性思维。

（2）掌握研究假设的基本标准。研究假设应有 4 条标准：一是能说明两个或两个以上变量间的期望关系，二是研究者应有该假设是否值得检验的明确理由，三是假设应是可检验的，四是假设应尽可能简洁明了。

（3）明确研究假设形成的基本步骤。研究假设形成的基本步骤是：提炼问题；寻求理论支持、形成初步假设；推演出理论性陈述，使假设结构化；形成基本观点；对基本观点再提炼，形成假设的核心。

（4）明确研究假设形成的基本条件。研究假设形成的基本条件要以科学观察和经验归纳为基础；要以科学的思想方法为指导，通过类比、归纳、演绎等方法，做出合乎逻辑的某种命题；研究者要有丰富的知识、经验。

（5）明确研究假设表述的方式。研究假设的表述应该是有倾向性的，可以是肯定式或否定式，而且所举的变量与变量之间的关系应该是能够操作，能够观察和验证。研究假设可分为描述性假设和解释性假设。

（四）根据课题类型，搞好研究设计

（1）应用性研究课题的设计。

这类课题，重点是研究如何把教育科学的基础理论知识转化为教育技能、教育方法和手段，使教育科学知识同实际教育教学衔接起来，达到某种预定的实际目标。

课题特点：应用性、时代性、效益性和灵活性。

课题设计：要突出应用。

(2) 经验研究性课题的设计。

经验研究性总结分为一般性经验总结和科学性经验总结两个层次。

课题特点：在教育实践中进行的教育科研；具有预先提出的、十分明确的科研目的，工作目的与科研目的一致；有意识地运用教育科研有关方法；依据科研思路，有计划、有步骤地进行；采用一定的方法，有意识、有目的地收集资料，收集的资料全面、完整。

课题设计：要突出通过经验总结得出理性认识和揭示规律的主题。

(3) 实验性课题设计。

实验性课题是在一定教育理论或假设指导下，通过实验探究变量关系，揭示教育规律的活动。

课题要求：研究者必须有一个关于解决该问题的设想或初步的特征理论；用比较严密的研究程序组织研究，便于重复验证；预设实验条件，把变量明确区分，加以控制；对测量的事物规定操作定义。

课题设计：要突出"实验"特点，充分体现实验要求。

下面再谈谈研究方法的问题。方法论是有关方法的总说或者总方法。而方法是解决问题的具体措施。在方案撰写中，往往是这样一种情况：方法列了一大堆，但仅仅是纸上的东西，与本研究没有实质性关联。造成这种现象的原因是设计者并没有认真思考实现目标的方法，或者并没有认真思考所选中的方法的特点与实施路径，最终造成方法与目标的分离。举一个例子来说明这一点。如大家都非常熟悉的司马光砸缸的故事。我们可以还原这一故事的现场。

情景问题：有一个小朋友掉进一口大水缸里面了，生命垂危。如何救人，就是亟待解决的问题。

办法：办法可以有很多。可以去叫大人，可以找一根棍子来让小朋友拉住它，可以开现场会，也可以查找文献资料，等等。可是，情况紧急，怎么办？司马光的办法就是用一块砖头把水缸砸破，水流出去了，小朋友也就得救了。

结果：小朋友得救了。

述评：在这个故事中，救人的方法就是用石头砸缸。方法总是具体的，方法选择是否有效就看是否解决了问题。而我们经常碰到的问题是，没有具体可行的方法。

五、课题立项

（一）课题申请应该具备的条件

（1）全面贯彻党和国家教育方针，能够用正确的政治思想、观点主持和指导课题研究的全过程。

（2）对教育改革和发展具有理论与实践意义，对全面提高教育质量有积极作用。

（3）能为教育行政部门的重大教育决策提供理论依据和科学论证。

（4）课题论证充分，目的明确，研究计划切实可行，研究方法科学，经费预算合理，具备按计划完成研究任务的各项基本条件。

（二）成长科研课题申请的一般类别

成长科研课题申请分中小学德育、中小学管理、班主任工作、教学研究、特殊教育、幼儿教育、职业教育、信息技术等。根据区域教育发展需要，也可以临时增设类别或项目。

（三）区内成长科研课题申请受理部门

区教育科学规划办公室受理。

（四）申请程序

（1）根据区教育科研规划办公室颁发的年度《选题指南》，结合学校或本人工作实际，选择研究方向与内容。

（2）按“课题申请·评审书”和“课题设计论证活页”相关要求，认真填报各项内容。

（3）将填报好的“课题申请·评审书”和“课题设计论证活页”呈送学校科研管理部门审核加章。

（4）由学校科研管理部门按要求报送课题受理单位。

（五）评审立项

（1）课题评审的标准。

表 4－1 是沙坪坝区教育科学规划办公室对申报课题的立项标准。

表 4－1　课题立项评审评分表（评委填写）

评审内容	权重	评审标准				得分（百分制）
	1	A 级（80～100 分）	B 级（60～80 分）	C 级（40～60 分）	D 级（0～40 分）	
选题意义	0.2	有重要创新性或应用性	有比较重要的创新性或应用性	创新性或应用性一般	基本属于重复性工作	

续表4—1

评审内容	权重	评审标准				得分（百分制）
	1	A级（80～100分）	B级（60～80分）	C级（40～60分）	D级（0～40分）	
研究基础	0.15	已有相关成果丰富，熟悉研究现状，所列参考文献具有代表性	已有比较丰富的相关成果，比较熟悉研究现状，所列参考文献比较有代表性	已有一定的相关成果，对研究现状有一定了解，所列参考文献有一定代表性	没有相关成果，不了解研究现状，所列参考文献没有代表性	
课题设计	0.4	目标明确，内容充实，思路清晰	目标比较明确，内容比较充实，思路比较清晰	目标基本明确，内容基本充实，思路基本清晰	目标不够明确，内容空泛，思路模糊	
研究方法	0.15	方法适切	方法比较适切	方法基本适切	方法不当	
研究条件	0.1	完全具备	比较具备	一般条件	不具备	
总计						

“课题立项评审评分表”从选题意义、研究基础、课题设计、研究方法、研究条件五个方面进行评审。从评审内容所占权重来看，课题设计占40分，选题意义占20分，研究基础和研究方法各占15分，而研究条件占10分。从评审指标来看，选题意义比较重视创新与应用，研究基础比较重视已有成果的丰富程度、与申报课题的关联性以及所列参考文献的代表性，课题设计较为重视目标的明确性、内容的充实性、思路的清晰性，研究方法重视切实可行性，研究条件重视完备性。

（2）课题评审的基本程序。

其主要程序是：

一是规划办统一受理规划课题的申报并审查资格。

二是对通过资格审查的课题，先由专家组成员分别审阅课题申请书和研究方案，并提出本人评审意见，然后进行集体评审。在集体评审的基础上，由专家采取无记名投票方式提出评议意见。

三是领导小组根据专家组评议意见和提名进行审定，对通过审定的课题予以公布。

在评审过程中为保证评审的公开、公平、公正，对评审专家和工作人员还作了严格的评审纪律规定：①通讯评审阶段不得以任何理由查询或透露课题论证的相关背景资料。②实行回避制。项目申请者，原则上不得作为评审专家或工作人员参加立项评审。③评审过程要严格保密。评审结果在正式公布以前，任何人不得对外泄露。

六、课题开题

所有立项的沙坪坝区教师成长课题均须按时举行开题会。开题会原则上以学校为单位进行，并由各承担单位主持。

开题会主要议程有：

(1) 主持人介绍课题背景，宣布开题会开始，介绍到会的领导、专家和来宾。

(2) 宣读课题立项批文。

(3) 课题负责人作开题报告。

(4) 点评、指导。

(5) 课题负责人所在单位领导表态发言。

(6) 到会领导讲话。

(7) 散会。

第二节　实践研究

实验、验证是课题研究的重要环节。这一环节做得好坏直接影响顶层设计与成效。课题实施阶段是进行具体操作、实现研究计划的阶段，目的是为了取得被研究者的有关事实材料和数据，以便为揭示教育现象的因果联系、发现教育的客观规律提供可靠依据。作为一种具体操作行动，其活动对象涉及研究设计者、研究执行者、研究对象等各方面，因此实施研究可看作是课题研究者(包括研究执行者)与被研究者的一种共同活动。而要实现这一目的，就必须遵循一定的科学研究方法。因此，实施研究有三个要素：①必须要明确研究对象；②必须有缜密的研究计划；③必须做好过程管理。

一、明确对象

我们先看两个例子。

［例 1］

沙坪坝区义务教育阶段学校教学管理情况管理人员问卷调查表

一、教学管理理念

1. 学校教学有没有明确的管理理念

有□　　无□

2. 学校教学管理理念

有鲜明的个性□　　个性不是十分鲜明□

没有个性，照抄照搬□　　只是一般口号□

3. 学校管理理念是

全校教师认同的□　　绝大部分教师认同的□　　部分教师认同的□

二、学校教学管理机构

4. 学校年级组教学管理作用发挥

好□　　较好□　　不好□

5. 学校教研组教学管理作用发挥

好□　　较好□　　不好□

6. 与全区学校相比，你认为本校教学管理水平

高□　　较高□　　一般□　　较差□　　差□

三、学校教学管理制度

7. 学校教学常规管理制度建设及落实情况

完善、落实□　　较为完善、基本能落实□

不完善、没有得到落实□

8. 学校教学分级管理职责

明确□　　不太明确□　　交叉□　　较混乱□

9. 学校、教导（务）处、教研组、备课组教学管理制度

健全□　　需要提升和完善□　　不健全□

四、教学评价内容、方式及效果

10. 学校教学评价对学生

注重综合性素质□　　只考核分数□　　重点考核升学率□

11. 学校教学评价的对象是

教师和学生□　　学生□　　教师□

12. 学校实施教学评价

注重过程性□　　只进行阶段性评价□　　没有进行评价□

期末进行评价□

13. 学校实施教学评价的主体是
    校长集体□　教研组□　教导（务）处□　备课组□
14. 学校实施教学评价的主要形式是
    诊断式□　集体视导□　数据分析□　检查考试分数□
15. 学校实施教学评价
    教师参与度高□　教师参与度低□　基本不参与□
16. 学校实施教学评价
    促进了学生成长□　有一定促进作用□　没有促进作用□
17. 学校实施教学评价对教师专业发展
    有促进作用□　有一定促进作用□　没有促进作用□

备注：请仔细阅读问卷调查表，并在选项的方框内打“√”。

[例 2]

沙坪坝区中小学校本研修情况调查问卷
（教师填写）

感谢您阅读这份调查问卷，此卷是为了进一步了解我区义务教育阶段学校校本研修制度建设情况与活动组织、管理及开展情况而设计的。本问卷不记名，请您真实、客观地逐项表述您的宝贵意见，选择题直接在认可选项的字母上打钩，问答题请如实作答，我们对您给予这一调查活动的帮助表示诚挚的感谢！

1. 您对学校校本教研组织管理的办法和措施
   A. 满意　B. 比较满意　C. 能够接受　D. 不满意　E. 其他
2. 您认为学校校本教研工作
   A. 很有特色和成效，完全满意
   B. 有一点特色，比较满意
   C. 无特色，但效果令人还能接受
   D. 多是形式主义，难以收到实效
3. 您校校本研修常用的形式是__________，您主要参加的是__________。
   A. 研究课研讨　B. 沙龙交流　C. 专家讲座
   D. 短期脱产学习　E. 自学　F. 其他形式
4. 您校校本教研的主要内容是
   A. 教学实践中的专题或问题　B. 教师专业发展
   C. 生活中与教学相关的科学　D. 国家级及省、市、校级课题

5. 您校的校本教研氛围如何

A. 教研氛围浓厚

B. 缺乏教研氛围

C. 教学研讨时敢说真话不怕得罪人

D. 大家碍于面子，赞扬的更多一些

E. 教学研讨时，都是几个骨干教师发言，其他教师不太说话

F. 除了专门组织的听课、评课，平时很少走进别人的课堂

6. 您认为现在教师专业成长最缺乏的是

A. 普通话、板书等授课基本功

B. 系统的学科专业知识的构建

C. 先进的教育理论的掌握和运用

D. 现代化教学技术的学习和应用

E. 品德的培养和人格魅力的塑造

F. 渊博的知识和深厚的文化底蕴

7. 下列培训因素中，您比较重视

A. 培训的教师　　B. 实用程度　　C. 参与的程度

D. 培训的教材　　E. 培训的环境

8. 您最希望参加的培训类别是

A. 课改理念的培训　　B. 提高科研能力的培训

C. 信息技术培训　　D. 提高教学技能、技巧的培训

E. 基本功培训　　F. 其他

9. 您觉得参加下列教研活动更有效果

A. 同事之间随时的交流

B. 研究课与集体研讨

C. 有专家指导的研讨

D. 教研组的集体备课活动

10. 在集体教研活动中，您觉得自己经常是

A. 不太好意思发表自己的想法　　B. 梳理上课老师好的方法

C. 质疑别人的经验和做法　　D. 汇总出讨论中的主要问题

E. 提出解决问题的设想

11. 您在学校研修活动中得到的帮助首先来自

A. 教研员　　B. 校内教研组长、教学管理领导

C. 区内、校内骨干教师　　D. 网络信息和图书资料

12. 您遇到教育教学问题时，您首先想到的解决方式是

A. 翻阅书籍或上网查找　　B. 与同事讨论

C. 请教教研人员　　　　D. 其他

13. 您经常采取什么方式反思自己的教学

A. 在脑中回顾一下　　　　B. 和同事就某一问题展开讨论

C. 在教案后写几行　　　　D. 系统思考并写下来

E. 基本没有静下心来反思

14. 您阅读教育类书籍的情况

A. 经常阅读　　　　B. 有时阅读

C. 很少阅读　　　　D. 基本没有

15. 您是否愿意承担各项工作，是否愿意自我加压

A. 非常愿意　　　　B. 比较愿意

C. 不太愿意　　　　D. 不愿意

16. 您认为您校校本教研存在的主要问题是什么？有何建议？

17. 您认为我区培训和教研存在的主要问题是什么？有何建议？

两个问卷的目的都是要弄清楚下一步的意图。这就是搞明白自己要研究的对象。

二、制订计划

研究计划相当于是课题的“施工”蓝图。计划可以根据研究任务来确定。两年研究周期的，可以先按两年的大时间段来设置，然后分年度设置，在此基础上分月设置。一年研究周期的，需要做每个月的设置。其要点是：时间节点要明确，任务要具体，责任人到位。只有这样，才能够真真切切地把课题做好。

下面，我们来看一个计划案例。

学前幼儿教育资源视频方案

立足于学前家庭教育，打造优质教育资源公益平台。让更多的家长分享优秀的育儿经验，了解适宜的育儿方法；让幼儿分享优质的教育资源；提升学前家庭教育质量，促进幼儿健康快乐成长。

四维视频自2013年12月起，工作日每日更新“四维课堂”，每月录制“四维访谈”，并录制四维特辑，包括“中国神话传说故事”“幼儿日常礼仪”“七十二行”等。

继续集合园所力量、社会力量、家长力量、儿童力量，打造四维一体学前家庭教育分享和交流平台。运用网络形式推广，引导家长与幼儿共同成长。

初拟视频节目单如下：

四维访谈目录

2013年12月

访谈话题：让《指南》成为孩子成长的福音

访谈嘉宾：王纬虹

嘉宾介绍：王纬虹，重庆市教科院副院长

节目介绍：从宏观层面与家长交流《指南》的宗旨、内涵和要注意的问题。

备注：邀请市级有影响力的专家曾艳、瞿亚虹、陈世联等，分领域介绍（健康、社会、语言、科学、艺术领域）。

2014年1月

访谈题目：山城小辣妹，为快乐歌唱

访谈嘉宾：廖艺凡、廖爸爸

嘉宾介绍：廖艺凡，全国最小开办个人独唱演唱会者，全国三好学生、市三好学生、五好标兵，曾获得全国金奖6次，《儿童音乐》封面女孩。参加中央电视台节目录制，月亮姐姐称其为“山城小辣妹”。2012年参加教育部组织的童声合唱录制，担任主唱，并获得一等奖。

2014年2月

访谈题目：爸爸去哪儿（待定）

访谈嘉宾：三个爸爸组合、六个爸爸亲子游

嘉宾介绍：《重庆晨报》2013年11月13日、《人民日报·海外版》2013年11月16日，相继报道重庆市三个爸爸带孩子出去旅行一事；2013年11月23日，六个爸爸组团带着孩子走过7公里的栈道；在重庆一中，也有一群爸爸们经常组织孩子们搞一些活动。结合现在最热的“爸爸去哪儿”节目，爸爸在孩子成长中扮演的角色也得到了更多的关注与共识。本期用纪录片的形式呈现这群有活力的爸爸们，希望带给更多的家庭育儿启示。

2014年3月

访谈题目：涂鸦人生

访谈嘉宾：郭林樾一家

嘉宾介绍：喜爱艺术的一家，父母将儿子一岁时涂鸦的作品收集配文，现已制作第三本专辑，记录儿子画画经历。近期画册制作更倾向于向家长们介绍引导幼儿喜欢画画、作画的一些感受，相信会给更多的家庭引导孩子作画一些启发。

2014年4月

访谈题目：川剧变脸（题目待定）

访谈嘉宾：渝中区文化馆馆长

节目介绍：渝中区文化馆出品的节目获2012年群星奖。这个节目中用布偶的形式表现了川剧的变脸和吐火。通过节目让幼儿认识川剧，了解变脸和吐火，激发幼儿对民间文化的喜爱。

2014年5月

特辑：交响乐团

节目介绍：张正强老师为幼儿介绍交响乐团的乐器，丰富幼儿对音乐的认识。

2014年6月

访谈题目：儿童心理健康

访谈嘉宾：高雪梅

嘉宾介绍：课题专家组成员，博士，副教授，硕士研究生导师（社会性发展方向），日本早稻田大学访问学者。西南大学心理学部教师教育研究中心主任，发展心理学系副主任。主编、副主编教材、青少年心理成长护航丛书多部；在核心刊物上发表20余篇论文。主要从事儿童青少年心理研究与教育工作。

节目介绍：访谈将结合调研中存在的儿童心理健康问题进行专家作答。

2014年7月

访谈题目：保护幼儿乳牙

访谈嘉宾：熊宇

嘉宾介绍：课题专家组成员，口腔医学博士，主治医师、讲师，留日学者。在国内外专业期刊发表学术论文30余篇，获省部级科技进步二等奖1项。主持重庆市基金课题1项，获国家实用新型专利2项。

节目介绍：为家长们介绍如何保护幼儿的牙齿健康。

2014 年 8 月

访谈题目：打造幼儿健康早餐

访谈嘉宾：张乾勇

嘉宾介绍：课题专家组成员，副教授，博士，硕士生导师，重庆市营养学会常务理事，重庆市营养分析与保健食品专业委员会副主任委员，重庆市营养学会办公室主任，重庆市预防医学会卫生检验专业委员会副主任委员，重庆市学生和健康促进会常务理事，重庆市食品安全标准委员会委员，重庆市公共营养师专家委员会委员，重庆市司法局司法鉴定人，一级公共营养师。

节目介绍：为家长和孩子们介绍如何打造健康早餐。

2014 年 9 月

访谈题目：第一位公办男园长

访谈嘉宾：谭鸿彪

嘉宾介绍：重庆第一个公办男性园长。十余载的用心用情，他用一个男性的担当与作为带领开县幼儿教育迈上一个新台阶；一路走来，留下了一个个足以印证他人生价值取向的真实而精彩的脚印。曾多次被评为县优秀教育工作者、优秀共产党员，多次承担县级培训任务和参加国家级园长高峰论坛。

2014 年 10 月

访谈题目：民办幼儿园——幼儿教育的大部队（待定）

访谈嘉宾：3 人（最早民办幼教人、男性幼教人、农村幼教人）

2014 年 11 月

访谈题目：幼教联姻（待定）

访谈嘉宾：周红、何洋（夫妻）

嘉宾介绍：巴蜀幼儿园教师，夫妻档。周红系西南大学本科生，毕业后分到幼儿园，经历从失落、平衡、积极投入的心理变化历程。从男性第一线看幼教，看幼儿，看职业发展。

四维课堂视频节目单

12 月 2 日—12 月 6 日：

推荐课堂：律动《减肥操》　舞蹈《花与蝴蝶》　手指操《大木桶》　儿歌《待客歌》　故事《小红帽》　律动《我的身体》　音乐游戏《让爱住我家》　手指操《大公鸡》

四维课堂：手指游戏《做做唱唱》　儿歌《老鼠坐上火箭炮》　故事《小

猫钓鱼》 律动《我的身体最神奇》 舞蹈《身体妙妙妙》

12月9日—12月13日：

推荐课堂：手指游戏《做做唱唱》 儿歌《老鼠坐上火箭炮》 故事《小猫钓鱼》 律动《我的身体最神奇》 舞蹈《身体妙妙妙》 音乐游戏《风中的树叶》 手指游戏《小雨伞》 手指操《左手右手》

四维课堂：舞蹈《花与蝴蝶》 手指操《大木桶》 儿歌《待客歌》 故事《小红帽》 音乐游戏《让爱住我家》

12月16日—12月20日：

推荐课堂：手指操《小羊过桥》 儿歌《猴子放炮》 花姐姐讲故事《天生一对》 律动外景《减肥操》 舞蹈《小青蛙》 音乐游戏《萨沙》 手指游戏《变变变》 舞蹈《身体妙妙妙》

四维课堂：律动《减肥操》 跳舞《小叮当》 手指操《冰糖葫芦》 讲故事《令尊》 音乐游戏《我的身体》

12月23日—12月27日：

推荐课堂：律动《减肥操》 舞蹈《小叮当》 手指操《冰糖葫芦》 儿歌《待客歌》 故事《令尊》 律动《我的身体》 音乐游戏《我的身体》 手指操《大公鸡》

四维课堂：手指操《小羊过桥》 儿歌《猴子放炮》 律动外景《减肥操》 舞蹈《小青蛙》 手指游戏《变变变》

12月30日—1月3日：

推荐课堂：黄芳手指游戏 儿歌《狗熊歌》 讲故事《小猫和老虎》 律动《我的身体最神奇》 舞蹈《小木偶》 音乐游戏《小羊和狼》 手指游戏《宝宝的小手》 手指操《大水桶》

四维课堂：石头剪刀布 《猴子放炮》 小媛姐姐讲故事《是谁嗯嗯在我头上》 律动《交警叔叔》 手指游戏《大木桶》

1月6日—1月10日：

推荐课堂：手指操《饭团子》 儿歌《走路静悄悄》 讲故事《岩石上的小蝌蚪》 律动《交警叔叔》 舞蹈《小星星洗澡》 音乐游戏《敲咚咚》 手指游戏《变变变》 石头剪刀布

四维课堂：黄芳手指游戏 故事《小猫和老虎》 律动《我的身体最神奇》

舞蹈《小木偶》　音乐游戏《小羊和狼》

1月13日—1月17日：

推荐课堂：律动《减肥操》　舞蹈《月儿》　手指操《冰糖葫芦》　儿歌《坐》　讲故事《搬过来搬过去》　律动《我的身体》　音乐游戏《大西瓜》　手指操《大公鸡》

四维课堂：手指操《饭团子》　儿歌《走路静悄悄》　讲故事《岩石上的小蝌蚪》　舞蹈《小星星洗澡》　音乐游戏《敲咚咚》

此为初稿，节目安排会根据课题组活动做一些调整，以最后上传视频为准。

树人小学幼儿园　刘艳
2013年11月30日

三、注重过程

科学管理是提高生产力的基本手段。而过程的精细化管理则是实现这一目的的具体路径。作为成长科研课题的承担人，需要做好以下工作：

一是资料的收集与整理。这里的资料主要指研究者在研究过程中所涉及的各种材料，从形式上看，包括文字的、图片的、音像的材料；从内容上看，包括描述性的、定量的材料，等等。研究者本人或者研究团队对课题研究的相关信息进行采集。信息就是事实呈现的另一种面孔。你要认识事物的本质，要寻找潜藏在事实背后的真相，就需要分析大量的数据，因此，信息采集就非常重要。怎么收集？首先，需要围绕研究主题的指导思想列一个数据收集的计划表，尽可能地把需要采集的数据列出来；其次，设计科学、明确的搜集资料的工具；第三，采用适当的科学方法广泛搜集资料；第四，按计划收集和采集基础材料和原始数据；第五，注重资料、数据的客观性。

二是矫治调节。对于本课题因设计有欠缺或未按设计进行研究的，在过程中要进行相应的矫治调节，或是修改原有设计，或是回到原有设计的研究轨道上来。

三是督促激励。成长科研每个课题组一般都有2～3人，多的有5人，这就需要课题负责人管理好这个研究团队。因为成长科研是群众性的草根科研，没有行政力量的支持，其研究力量主要源自于内在的合力，因而相互的督促激励就成为管理的重要方式。

四是中期汇报。中期汇报的主要任务是全面了解与把握课题研究的进展情况；总结课题研究中的先进经验，推动课题研究的深入进行；探索疑难问题，寻找解决措施；积极寻求上级管理部门的业务支持等。这个工作做不做，做得好不好，直接关系到课题的研究质量。

第三节　成果物化

一、分析总结

研究是需要产生结果的。就是在收集资料、整理资料、分析资料和概括基础上呈现结果。这项工作的目的就是梳理研究成果，转换成果呈现方式，进一步辐射成果，或者是验证成果的真伪。其成果形式主要是总结报告（含调查报告）、研究论文与专著等。有很多人，尤其是中小学从业人员很轻视这个工作，以为只是雕虫小技，或者是纸上游戏，却没有看到它的真正价值。要能够提炼出真正有价值的成果，需要进行认真的分析总结。

二、提炼物化

在中小学教育科研的成果中，主要有两类：一类是教育科研报告，另一类是教育论文。为了保证教育科研成果的质量，在进行物化时，研究者必须遵循以下基本要求：

（1）科研成果必须具有一定的创造性和先进性，即必须包括发明、发现和技术创新等方面的内容。没有提高，没有改进，没有新内容，没有新见解，完全重复性的科研活动不能算作科研成果。

（2）该项成果必须以科研活动（包括研究、设计、实验、试验等过程）为基础，没有经过科研活动而取得的一般工作结果则不能算作科研成果。

（3）科研成果必须具有一定的学术意义和应用价值，并通过鉴定和评价，获得肯定性结论。

教育科研管理部门对教育科研成果鉴定的主要依据是成果的创新性和实践性：

（1）创新性是中小学教育科研成果的灵魂。

①是否发现了教育领域中新的事实、新的规律、新的现象，是否提出了新概念、新思想、新假说、新理论。

②是否提供了教育工作中新的方法，或对原有方法有了实质意义上的改进与发展。

③是否对原有的教育理论提供了新的例证、补充说明或修改，在一定范围内对教育理论发展起到推动作用，或对教育实践有重大的指导意义。

（2）实践性是中小学教育科研成果的立足点。

①所提供的解决某一基础教育问题的具体建议、方案、方法等的科学性和可行性的程度。

②所提供的研究某一基础教育问题的专门知识、专门技术等情况。

因此，当我们遵循以上规则进行物化时，就一定会有收获。

第五章　报告撰写

对于教师成长课题的研究者而言，很多人没有系统做过课题研究，甚至有些教师是初次接触课题研究，因此，有必要对教师成长课题的一些规范问题做出说明。前面章节对教师成长课题的流程管理、方法选择等做了详细说明，本章内容不再赘述。在本章中，我们将重点就教师成长课题两种规范文体——开题报告和结题报告的写作进行系统阐述。

第一节　开题报告的撰写

开题报告是课题研究的重要组成部分。如果将课题研究比作盖楼房，那么开题报告就好比建筑师的施工图，课题组成员就是施工员，施工员照“图”施工，规划办在结题鉴定时按“施工图”验收。由此可见，开题报告的质量直接影响着课题研究的成效。“凡事预则立，不预则废。”教师成长课题立项之后，如何把课题研究落到实处？这就需要对课题的申报方案进行进一步细化，使之更加具有操作性。将研究课题从假设转化为实施的关键一步，就是撰写开题报告。那么，作为一线教师，如何撰写教师成长课题开题报告？在本节中，我们将会就这一问题进行阐述。

撰写开题报告的过程，是一个不断澄清与完善的过程。当课题获准区规划办批复立项之后，课题负责人需要写开题报告，对课题产生的由来、课题研究的内容、研究的目的以及准备如何开展研究等问题进行总体设计。一般而言，开题报告需要对以下内容进行说明。

(1) 研究背景与问题的提出。(为什么要选择这个课题?)

(2) 课题的界定。(研究的课题具体内涵是什么?)

(3) 文献综述。(课题相关研究成果有哪些？存在哪些不足?)

（4）理论基础。（用什么理论指导课题的研究？）

（5）研究目标。（课题研究的预期目标是什么？）

（6）研究内容。（从哪些角度入手完成预期目标？）

（7）研究方法。（运用什么方法完成课题研究？）

（8）研究步骤。（课题研究的进度如何安排？）

（9）预期成果。（课题研究的阶段性成果和结题成果是什么？）

（10）参考文献。

教师成长课题的承担者是广大一线教师，在撰写开题报告的时候，不一定对上述内容面面俱到，可以根据实际进行相应取舍。但是，无论如何取舍，都要能够回答课题研究中的三个问题："课题研究什么？""为什么研究这个问题？""如何研究这个课题？"基于此，在本部分中，我们将重点对开题报告中所涉及的"研究背景与问题的提出""课题的界定""文献综述""研究目标和内容"等进行重点介绍，对"理论基础""研究步骤""预期成果""参考文献"几方面内容一笔带过。同时，由于前面章节已对教师成长课题研究经常用到的方法进行了专门介绍，故在此部分中，对"研究方法"不再赘述。

一、研究背景与问题的提出

在开题报告中，研究背景与问题的提出是不可或缺的内容，具有重要作用。为什么这么说？从科学研究的角度来看，所有的研究都是基于一定情境的，没有了情境的限制，研究的结论就不具备推广性和借鉴性。反观现实，我们很多成长课题研究者对这一部分相对重视不够，甚至认为可有可无。如果没有对研究背景的深入分析，想要提出一个好的问题也就不切实际。问题是课题的来源。爱因斯坦说过："提出一个问题，往往比解决一个问题更重要。"提不出好的问题，所研究的课题成果的价值就会大打折扣。

从逻辑上讲，研究背景与问题的提出是环环相扣的。研究背景会为问题提出提供一个铺垫，有了这样的铺垫，研究问题就会呼之欲出。从写作顺序来看，研究背景写作在前，问题提出在后。从写作内容来看，"研究背景"一般要涉及两方面的内容。一是理论背景，即该课题研究的相关进展，有点类似于文献综述，但是不需要像文献综述那样详细，只需要脉络化地勾勒即可。二是现实背景，即该课题研究的相关政策要求和现实状态。"研究背景"做好之后，研究问题的提出就会非常简单。心理学认为，问题是给定信息和要达到的目标之间有某些障碍需要被克服的刺激情境。对于问题而言，一般具备三个要素。一是给定的条件，这是一组已知的关于问题的条件的描述，即问题的起始状态。二是要达到的目标，即问题要求的答案或目标状态。三是存在的限制或障碍。通俗而言，问题就是理想状态与现实状态之间的差距，并且这种差距是我们所期望能缩小的。在“研究背景”部分，课题研究的理论背景一般会对研究课题所要达到的目标状态进行描述，大致勾勒出课题研究“到哪里去”。课题研究的现实背景会对课题的现状进行梳理，描述课题研究“从哪里来”。当我们把研究课题的目标状态和现实状态梳理清楚之后，二者之间的差距就是我们通过课题研究所要解决的。对于教师成长课题而言，我们一贯的定位都是小切口、深研究，所以在确定问题的时候一定不能太宏观，要选择教育教学生活中急需解决的问题作为研究课题。因此，在这部分内容当中，我们更需要对研究的现实背景进行深入分析。为了更直观展示“研究背景与问题的提出”的具体写法，在本部分中，我们以全国教育科学“十一五”规划2009年度教育部规划课题“区域性推进义务教育内涵式的实践研究”（课题批准号为FFB090702）为例进行剖析。

研究背景与问题的提出

（一）研究背景

1. 促进义务教育均衡发展是国际教育发展的共同走向

自1619年德国魏玛邦宣布实行义务教育至今，全球已有170多个国家和地区实现了义务教育。20世纪50年代，西方主要国家开始了义务教育均衡发展的理论与实践研究。研究认为，教育均衡发展是教育公平和人权思想在教育上的体现，是教育机会、教育过程和教育结果的平等。研究催生了如科尔曼、罗尔斯等一批著名的教育理论家，产生了如义务教育是纯公共物品、义务教育机会均等诸多教育均衡理论。在此基础上，各国政府大力推进义务教育均衡发展的实践，如：积极制定政策，形成稳定持久的法律保证；充分保障经费，倾斜基础教育；突出重点，关注弱势群体和农村教育（如美国的“农村教育成就项目”）。近年来，世界各国正在不断探索新理念，实践新方法，追求更高质量的义务教育均衡发展。如美英等国的改革趋势有：标准本位学校改革，以改善学生成绩，提高学校组织效率；学校本位教育改革，主张学校自主、共同决策等；市场本位教育改革，提出“教育券系统理论”特许学校、民营教育公司、教育行动区计划、直接拨款公立学校等。

2. 实现义务教育高位均衡是我国教育发展的历史使命

我国的义务教育均衡发展研究起步于20世纪90年代。至20世纪末，全国85%的人口所在地区基本普及了九年义务教育。然而，大班额、择校热、进城务工子女入学难等义务教育不均衡现象随之出现。此外，由于偏重物态层面改造，忽视学校内涵发展，导致“千校一面”“万人同语”的状况出现。在此背景下，如何推动义务教育深入发展成为实现“两基”之后的一项重要任务。一是从研究层面看，进入21世纪，义务教育均衡发展的理论研究和实践探索热潮开始涌现。不少专家学者提出了许多真知灼见，如：义务教育均衡发展首先意味着教育资源的均衡分配，包括社会总资源对教育的分配；义务教育均衡发展涉及的主要是受教育者的教育权利保障以及教育民主与公平问题；义务教育均衡发展是一个历史范畴，是相对的、动态的、特色纷呈的过程。二是从政策层面看，十六届四中全会做出了《中共中央关于构建社会主义和谐社会若干重大问题的决定》，提出了21世纪前20年中国全面建设小康社会的发展目标。教育是相关利益群体最多的社会事业之一，教育公平自然成为人们评判社会公平的重要内容。教育是民生，而且是最大的民生，日益成为各方共识。义务教育是国家提供同时必须予以保障的公共事业，其本质属性就是公平性。义务教育发展不均衡的状况，不仅无法满足人民群众的教育需求，而且还会诱使“大班额”“择校热”等教育热点问题持续升温。解决这一问题的最有效途径，就是全面快速地推进义务教育优质均衡发展。只有通过提供相对公平的教育机会和条件，才能使义务教育在和谐社会建设中发挥出应有的基础性作用。2005年颁布的《教育部关于进一步推进义务教育均衡发展的若干意见》，要求各级教育行政部门研究提出本地区推进义务教育均衡发展的目标任务、实施步骤和政策措施，并纳入当地教育改革与发展的总体规划。实施义务教育区域内均衡发展，必须紧紧抓住全面推进素质教育这一主线，通过提高学校的教育质量和效益，从根本上缩小学校之间的差距，从而实现义务教育优质均衡发展。2006年新修订的《义务教育法》，可以说是对多年来教育均衡发展思想的总结与肯定，标志着区域义务教育均衡发展从理论导向进入实践落实层面。我国以县为主的教育管理体制，决定了推进义务教育均衡发展，不再是该不该的问题，而是做得如何的问题。三是从实践层面看，近年来，国家从完善立法、增加投入、加强教育督导与质量监测等方面，极大地促进了义务教育的公平进程。许多省市也积极采取强化政府职责、加大财政投入、建设标准化学校、治理薄弱学校、共享区域教育资源等措施，着力推进义务教育的均衡发展。如：成都市的“城乡一体化”、重庆市的“统筹城乡教育实验区”，主要是从省市行政区域角度，整体推进义务教育在教育投入、资源配置等外延方面的均衡发展；湖北省调动城市优秀师资参与农村教师培训；上海市闵行区和普陀区、江苏省常州市等地分层推进“新基础教育”实验，则是从教师队伍建设、课堂教学改革、教育教学管理等内涵方面推进义务教育均衡发展。

3. 推进义务教育均衡发展是重庆教育发展的政策要求

重庆市集大城市、大农村、大库区、大山区和民族地区于一体，城乡二元结构矛盾突出，老工业基地改造振兴任务繁重，统筹城乡发展任重道远。在新形势下，加快重庆市统筹城乡改革和发展，是为全国统筹城乡改革提供示范的需要。2007年“两会”期间，胡锦涛总书记参加重庆代表团讨论的时候提出了重庆新阶段发展的“314”总体部署。为落实“314”总体部署，重庆市提出“三步走”战略，推进义务教育均衡发展。2007年，重庆市政府发布《重庆市人民政府关于进一步推进义务教育均衡发展的意见》（渝府发〔2007〕68号），提出“坚持把推进义务教育均衡发展作为当前和今后一段时期的一项战略性任务，贯穿于深入推进城乡协调发展、建设社会主义新农村的全过程，采取行之有效的措施，大力推进义务教育均衡发展”。2008年，教育部与重庆市政府签署《共建国家城乡教育综合改革试验区战略合作协议》。2009年1月，国务院出台《关于推进重庆市统筹城乡改革和发展的若干意见》，为重庆义务教育均衡发展提供了强有力的政策支撑。2009年，重庆市启动了义务教育均衡发展合格区（县）评估工作，相关指标体系主要集中在硬件均衡方面，为各区（县）加快推进义务教育条件均衡发展指明了方向。

4. 推动义务教育高水平均衡发展是我区教育发展的现实需要

作为重庆市的科教文化中心区，沙坪坝区的教育人口占全区总人口的近1/3，在推进义务教育均衡发展上，既具有区域特殊性，又具有全国较发达地区的普遍性。2003年全面实现“以区为主”统筹城乡教育发展以来，区政府在学校标准化建设等方面加大了投入，缩小了学校间硬件的差距。2003年12月以来，在本区独立承担的全国教育科学“十五”规划课题“校本教研与教学优质化研究”引领下，从实践层面对区属义务教育内涵式均衡发展做了初步的、零星的探索。2006年，区政府出台了《关于进一步推进义务教育优质均衡发展的意见》，在重庆市率先推进义务教育优质均衡发展。2007年，又制定并实施了《沙坪坝区统筹城乡教育发展综合配套改革试验方案》，城乡义务教育均衡发展得到提速。到2009年，全区适龄儿童入学率保持100%，巩固率达100%；初中阶段入学率保持在100%，辍学率控制在0.5%左右，毕业合格率达98%以上；近80%的义务教育阶段学校办学条件达到标准化，学校管理基本规范化。

（二）问题的提出

我们认为，区属义务教育在教育投入、资源配置等外部条件的不均衡已经不再是矛盾的主要方面，而是突出地表现在教师队伍素质、课堂教学质量、教学管理水平不均衡等方面。我们提出，要加快推进义务教育均衡发展，实现区域中小学从外部扩张转向内涵发展，从数量、条件转向质量与效益，从粗放型转向精细型，从同质发展转向特色发展，从模仿发展转向创新发展，就必须加快解决教师队伍素质、课堂教学质量、教学管理水平等方面的差距问题。在办学条件基本实现均衡背景下，全区教育各方利益主体应该坚持什么发展理念，采取怎样的发展策略，聚焦哪些发展重点，才能有效促进教师队伍素质、课堂教学质量、教学管理水平等方面的优质均衡，加快化解人民群众对优质教育的需求与优质教育资源不足的矛盾，成为亟待我们研究解决的重大而又紧迫的现实问题。

二、课题界定

课题界定就是对课题的含义、内容、范围、对象、方法等进行进一步解释。课题界定的目的在于明确课题研究的情境，体现出本课题与其他同类课题研究的区别之所在。一般而言，课题界定要从以下几个方面入手。

（一）明确题目

题目是课题的题眼。题目不明确，课题研究的方向也会迷失。因此，在确定研究主题之后，拟定一个合适的题目至关重要。

一个好的题目，不仅能够表明研究者所要研究的主要目的、内容和对象，还可以规范研究的范围、思路和方法。一般而言，一个好题目包括这样几部分。一是主题，即要研究什么问题；二是范围，即研究的对象是什么；三是方法，即课题研究是什么类型的研究。这样几个方面能够兼顾最好，实在不能兼顾也可以进行取舍，但是在题目上一定要凸显主题和对象这两个要素，否则，这样的题目就会陷入同质化的泥沼，毫无个性而言。

在拟定题目的时候，我们往往会出现这样几种误区。一是在题目中使用疑问句。一般而言，课题研究题目是一个陈述句，告诉读者“我”要做什么即可。比如，有教师在申报课题的时候使用这样的课题名称：如何编写初中数学导学案以提高学生数学自学能力。不难看出，该教师的目的是想通过数学导学案编写来提高学生数学自学能力，这是一个相关性研究，但是这样的题目还只是一种兴趣话和口语化的表达，没有上升到学术表达的层面。因此，这样的题目是有问题的。根据该教师所想表达的意思，我们可以将该题目修改为：基于自学能力培养的数学导学案编写研究。二是题目过于冗长。一般而言，课题的题目要求简单明了，没有歧义，要用最简洁的语言表达，不宜过长，以 20 字为宜。三是使用副标题。从主副标题的关系来看，副标题是对主标题意思的补充。但是从我们所接触的案例来看，很多教师没有分清主副标题的关系，甚至是主副标题关系倒置。有教师的课题题目为“丝丝细雨，润物无声——学科德育渗透的实践与思考”。从这一题目可以看出，研究者想表达的是学科育德问题，主标题完全可以去掉。

（二）解读关键词

题目确定之后，研究者就需要对课题当中的关键词进行解读。对关键词进行解读，一方面是为了消除概念上的歧义，避免造成研究过程中出现认识和观念上的不统一，使课题思路明确清晰，具有可操作性并有科学性。另一方面，通过对关键词的解读也可以对课题研究的范围、对象等进行限制，突出本课题研究的情境性。一般而言，关键词的解读要涉及课题研究的内容、范围、对象、方法。以区级规划课题“小学低段阅读教学中语言训练的有效性研究”为例，说明一下如何解读关键词。

课题的界定

（一）小学低段

小学低段即小学第一学段，也就是小学一、二年级期间。

（二）阅读教学

为了便于集中力量开展研究，“阅读教学”在本课题中具体指人教版教科书中一篇篇课文的教学，不包括课外阅读的教学。

（三）语言训练

通常所认为的语言，其实是语言学中的言语。准确地讲，语言训练应该是言语训练，在本课题中即指此义。叶圣陶先生曾说：“什么是训练呢？就是要使学生学的东西变成他们自己的东西。”“语文是培养能力的课程，所以不能单纯地传授知识；要让学生反复地训练，训和练的关系，体现着教与学的关系。”所谓语言训练，包括口头语言和书面语言两个方面的训练，亦即听、说、读、写的训练，而更主要的是指书面语言的训练，也就是关于读书、写文章的基本技能的训练。在本课题中，就是引起学生对一篇篇课文中语言表达的兴趣，并有意识、有目的、有计划、有序列、分阶段地增加学生语言积累、教给学生语言知识、培养学生语言理解与运用能力的过程和活动。语言技能属于心智技能，语言技能的训练属于心智技能的训练。（1）语言技能的形成过程要经过由外化到内化的过程；（2）语言技能的训练需要从整体出发，整体推进；（3）语言训练要重视语感的培养；（4）语言技能的形成需要一定量的语言的积累；（5）语言技能的形成需要一定的语言知识作依托。

（四）有效性

小学低段阅读教学中是否存在语言训练的有效性问题呢？答案是肯定的，而如何提高这种有效性，才是值得在教学实践中加以研究和解决的。面对目前单一的教育评价标准——考试，有效性是一个需要在更广泛的评价框架内的综合性体系。速度、收益、安全是有效教学必须考虑的三个要素：速度可看作学习时间（长度）——投入；收益可看作学习结果（收获）——产出；安全可看作学习体验（苦乐）——体验。可以说，时间、结果和体验是考量学生有效学习的三个重要指标。本课题中，“有效性”的界定是：怎样上好小学低段阅读教学课，使学生更喜欢母语，具备更强的听、说、读、写能力，养成更好的语言学习习惯和语言交际习惯。

从题目看，该课题有这样几个关键词需要进行说明。

①“小学低段”是什么？具体的时间段要说明。

②阅读教学是什么？是课内阅读还是课外阅读，抑或是二者皆有？

③语言训练的范围是什么？是词汇积累、语言表达还是语言理解？

④有效性是什么？有效是指有效果？有效率还是有效益？在本课题的界定中，研究者对这些关键词进行了一一解读，限定了研究的范围，说明了研究的对象。

（三）综合表述

关键词解读完成之后是不是就万事大吉了呢？从教师成长课题的开展情况而言，很多研究者在课题界定的时候基本上都是止步于关键词的解读。我们认为，关键词的解读是指分析题目所包含的要素，这些要素组成了什么样的结构呢？这就需要进行综合表述。以“区域性推进义务教育内涵式均衡发展的实践研究”课题界定为例。

区域性推进义务教育内涵式均衡发展，是指本区域内，在教育投入总量既定情况下，主要采取资源配置、结构优化、机制创新等手段，最大限度地促进教育管理部门、研修机构、中小学的文化自觉与自信，从而减小城乡之间、片区之间、学校之间在教师队伍素质、课堂教学质量、教学管理水平、学校发展特色等方面的差距，着力办好每一所义务教育阶段学校的区域义务教育发展方式。

三、文献综述

文献综述是文献综合评述的简称，指在全面搜集有关文献资料的基础上，经过归纳整理、分析鉴别，对一定时期内某个学科或专题的研究成果和进展进行系统、全面的叙述和评论。高质量的文献综述不仅能够为课题研究提供可供借鉴的经验，让我们能够“站在巨人的肩膀上”进行课题研究。同时，文献综述还能够让研究者把握研究课题大致发展脉络和最新进展情况，为课题研究提供新的视角。虽然文献综述的作用如此之大，但是在实践中，我们还是能够看到很多课题研究者将文献综述视为可有可无，这种认识上的误区长期存在对教育科研的发展将会弊大于利。对中小学教师而言，掌握最基本的文献综述技巧是必要的。在本部分中，我们将介绍四步法进行文献综述。

（一）文献检索

文献检索的任务是尽可能多地拥有与研究主题相关的文献，为研究的开展储备必要的知识。文献既包括书籍、报纸、期刊，也包括有实物形态在内的各种材料。在文献检索的时候，主要是围绕课题研究的关键词进行。

文献检索的方法很多，在此主要介绍三种。

一是顺查法。以课题起始年代为起点从远到近按时间顺序查询文献资料。这种方法要求我们在查询文献之前要对课题提出的背景和大致时间有所掌握，要从问题发生的年代查起。比如我们要对综合实践活动进行研究，那么在检索文献之前就要明确综合实践活动提出的背景和大概时间，基本上从新课程改革之后的文献进行检索就可以。顺查法的优点是有利于查全，不遗漏，但缺点是比较费时间，检索效率低。

二是倒查法。倒查法与顺查法的检索思路相反，要按照时间由近而远的顺序查找。这种方法适用于一些新的课题或有新内容的老课题。查找时效率高，省时省力，但容易遗漏有用的文献。

三是追溯法。这种方法基本上是按照从文献到文献的思路进行检索。一般而言，论文或者著作的参考文献也与其研究主题相近，这种情况下，我们就可以利用已知的有关文献后所附的“引用参考文献”进行追溯查找。这是检索者最常用的一种方法，它可以扩大文献的检索范围，节省查找书目、索引等检索工具的时间，由远及近将一批有关文献查出来。在使用追溯法的时候一定要注意选择述评和专著这类高质量的文献，它们所附的参考文献多而全、准而精，相当于一个专题索引，从这里选择切题的资料进行追溯，会提高检索效果。

（二）文献研究

文献检索完成之后，下一步进行的工作就是文献研究。文献研究的目的是发现关于研究问题“我们已经知道什么”。作为教师成长课题而言，我们进行文献研究不需要太过复杂，只需要掌握最基本的步骤即可。简单而言，文献研究有三个基本步骤：集中整理文献、综合信息、分析资料。

1. 集中整理文献

完成文献检索之后，你会发现面对着林林总总、杂乱无章的文献资料，这个时候往往会束手无策，从哪里入手进行文献研究呢？我们认为，文献研究的第一步就是集中整理文献。集中整理文献，就是将检索得来的文献资料进行处理，分别记录有用的主要著作、期刊等，列出作者名、题名、出处、关键词、主要内容。在整理文献阶段，根据自己的习惯和兴趣爱好进行即可。在此，为大家推荐一种集中整理文献的方式：建立资料中心控制文档。通过资料中心控制文档，我们可以把收集来的文献进行分类整理，从中摘取核心的信息要素（如表 5－1 所示）。

表 5－1　资料中心控制文档

编号	作者	题名	来源	关键词	核心内容	参考文献

2. 综合信息

资料集中整理之后，接下来就要从资料中抽取信息。综合信息一定要围绕课题研究的主题进行。在此过程中，需要对文献的信息进行取舍，围绕本课题研究主题建立核心观点图。

我们以“教研组长课程领导角色研究”为例看一下文献研究中如何综合信息。在综合信息的时候一定要围绕课题的研究主题，不能跑题。在本课题研究中，研究主题就是“课程领导角色”，那么我们就要进行追问，到底要研究谁的“课程领导角色”？这就是对研究主题的进一步细化。同时，我们还需要明确一点，研究主题是“课程领导角色”而不是其他的角色研究。对“课程领导”这一关键词的解读不同，对其赋予的角色定位肯定也会有所差异，这个时候就要对“课程领导”这一关键词进行进一步探析。通过一系列的追问，我们就会明确综合信息的基本线索：我们要研究“教研组长”的课程领导角色，要梳理一下关于“课程领导”内涵的文献信息，同时要注意到“教研组长”这一研究主题的限定成分。在明确了研究主题和限定成分之后，在进行综合信息的时候，我们就可以做到有的放矢。第一步，关于课程领导内涵的解读问题。现有文献基本从课程工艺学、课程哲学、教育领导学三个角度进行解读。第二步，我们要看一下“课程领导者的角色定位”问题。关于这一主题的研究成果，主要集中在校长和教师的课程领导角色上。第三步，关于教研组长角色研究，基本上定位为业务指导和行政领导。通过这三步的分析，我们基本可以梳理出现有研究的大概脉络，初步建立起核心观点表（如表 5－2 所示）。

表 5—2　核心观点表

教研组长课程领导角色研究	课程领导的内涵	课程工艺学
		课程哲学
		教育领导学
	课程领导者的角色定位	校长的课程领导角色
		教师的课程领导角色
	教研组长的角色定位	业务指导
		行政领导

3. 分析资料

核心观点表建立之后，我们就可以根据核心观点表进行文献分析，找出具体的观点，建立起研究主题的知识框架，形成文献报告，也就是明确关于该主题“已经知道什么”。文献报告一般包括课题研究的历史、现状、基本内容，研究方法的分析，已解决的问题和尚存的问题。在撰写文献报告的时候需要注意两点。第一，文献报告不是文献堆砌，要有一定的线索。通过线索贯穿始终，把现有文献研究成果集中起来。第二，文献报告是客观陈述现有研究现状，要秉持客观中立的价值取向，不能掺杂主观观点或是对研究成果进行批判。还是以“教研组长课程领导角色研究”为例。

教研组长课程领导角色研究文献报告

“教研组”是我国特有的现象，也是我国特有的词汇。作为这一特殊组织的领导者，教研组长因此也成为我国学校中比较有特色的一员。对于教研组长课程领导角色的研究，不管是国内还是国外都比较少见，直接论述的资料都比较少，根据笔者收集的资料，对本研究的相关现状做如下梳理和分析。

1. 国内外已有研究成果

(1) 课程领导概念

课程领导的内涵可以通过三种不同的途径进行探讨。

一是从课程工艺学角度出发，探讨理性的课程领导过程与方法，着眼于课程领导的功能。格拉索恩（Allan A. Glatthorn）以较为整体的视角，通过分析各个层面的课程，从课程开发过程出发看课程领导的内涵，认为“课程领导所发挥的功能在使学校的体系及其学校，能达到增进学生学习品质的目标”。这个定义强调了两点：其一，强调“功能”而不是“角色”；其二，强调领导是使整个制度和个人达成目标的关键。布拉德利（Bradley）曾提出课程领导者的六大功能，包括“强调课程的发展”“为课程发展提供必要的资源”“提供课程发展的哲学方向”“允许课程发展的持续性”“成为课程发展理论与实践间的桥梁”“计划、实施、评鉴课程发展”。

二是从课程哲学角度出发，主要诠释理想的课程领导，辅之以课程工艺学的分析，着眼于课程领导的愿景。布鲁贝克（D. L. Brubaker）将课程分为内在课程（Inner Curriculum）和外在课程（Outer Curriculum），认为我们往往注重外在的课程，而忽视了自己内在课程的建构。在此基础上，他提出“创造性课程领导”的观点。课程领导应关注个人和组织愿景（Vision），尽量让组织的愿景反映出个人的愿景。同时，积极营造良好的组织文化，这一过程中，课程领导者要注意了解有关背景文化。最后，布鲁贝克再次强调课程领导者个人的品质（Traits）对课程领导的重要性。亨德森和霍索恩（Henderson & Hawthorne）紧紧围绕身处富有民主思想的社会里的所有儿童的教育兴趣，提出革新的课程领导就是“实现根本性变革的合作过程”，它需要学生、教师、家长、行政人员和社区领导者组成改革小组，系统地探讨革新的课程领导愿景与挑战、革新的教学艺术、革新的课程设计与课程规划、革新的课程评价、革新的学校文化等主题。“革新的课程领导是一种有严格要求的系统的教育变革方法，需要参与变革的每一个人都有致力于变革的灵感与献身精神。”

三是从教育领导角度来看课程领导，着重分析学校情境下的教育领导的性质、意义方法与策略，或兼有对课程领导本质、意义和方法的阐述。萨乔万尼（Sergiovanni）认为，课程领导就是为学校成员提供必要的基础支持与资源，进而充实教师的课程专业知识，发展优质学校教育方案，促进教师间的交流与观摩，促使学校形成合作与不断改进的文化，最后把学校发展成为课程社群，达成卓越教育的目标。大陆学者于泽元认为：“学校课程领导是在学校情境下课程领导者影响教师参与课程发展的历程，通过这一历程，促进教师参与课程变革的动机，提升教师参与课程变革的能力，以达到促进学校课程发展，使学生更有效学习的目标。”

(2) 课程领导者的角色

综合国内外的研究成果可以发现，当前对于课程领导者角色的研究主要集中于校长和教师。虽然有很多学者提出要组建一个包括校长、教师、家长、课程专家乃至学生的课程领导共同体，但是当前的研究基本上只是关注校长和教师的课程领导者角色。

游家政、许藤继以亨德森革新的课程领导概念为基础描述了校长转型课程领导者的角色：教育理想家——趋势与新兴议题的感知者、课程愿景的设定者；系统改革者——课程改革的规划者、课程发展的协调者、课程发展的管理者；协调合作者——课程团队的组织者、课程势力的整合者；公开支持者——课程发展的委托者、课程改革的激励者；建构认知者——课程涉入意义的启发者、课程专业文化的倡导者、课程革新资讯的分享者；评价反馈者——课程改革的评鉴者、组织成员课程知能发展的回馈者。

黄旭钧在其建构的校长课程领导模式中提出十项课程领导角色：趋势与新兴议题的感知者、课程任务与目标的制订者、课程事务的协调者、课程问题的解决者、课程发展的管理者、成员进修的带动者、课程实施的评鉴者、课程改革的激励者、课程专业文化的倡导者、各种资源的整合者。

郑东辉根据我国校长课程领导的处境，初步归纳出中小学校校长应扮演的五种课程领导角色：课程愿景的策划者、课程团队与资源的组织者、学校专业文化的倡导者、课程发展的协调者、课程革新的激励者。

曹科岩、龙君伟在研究众多领导者角色的基础上，提出校长在课程领导方面应扮演五种角色：教育理想家、系统改革者、协同合作者、支持促进者、评估反馈者。

黄腾蛟把小学课程领导分为三个相互关联的领域：核心的领域是课程开发、实施与评价领域，也就是关于课程实务的领导角色；对课程实务具有支持性作用的基础领域，包括课程发展趋势感知者、学校文化提升者和课程事务协调者，这些构成了学校课程开发的背景或者基础；对教师的影响领域，包括教师服务者、教师支持者和教师激励者，显示了小学校长在影响教师方面对教师发挥着服务、支持和激励的作用。在对课程领导领域进行划分之后提出小学校长在学校课程领导中所要扮演的十二种课程领导角色：学校课程目标制订者、学校课程体系统筹者、校本课程开发领导者、课程实施管理者、学生评价者、教师服务者、教师评价者、课程事务协调者、教师激励者、学校文化提升者、教师支持者和课程发展趋势感知者。

校长在学校课程领导中的地位固然重要，但是由于校长还要从事学校行政管理，精力有限，单凭校长的一己之力不足以提升学校课程领导品质。正因为如此，很多研究者开始关注教师作为学校课程领导者的角色和任务。

许占权认为，教师的课程领导应当扮演以下一些角色：国家课程开发设计的参与者、校本课程开发设计的主体、新课程实施的先锋、学校发展的引领者、教师专业发展的促进者、学校领导与教师之间的协调者、学生课程学习的指导者。

郑东辉在对教师何以成为课程领导者进行分析之后提出了教师在课程领导中所扮演的角色：课程意识的主动生成者、课程实施与开发的引领者、学生自主学习与教师专业发展的促进者、同侪教师的帮助者、学习共同体的营造者。

董小平认为，在学校课程领导中，教师的课程领导角色是不断变动的，教师既扮演着领导者，又扮演着追随者。在学校层面，校长可能在课程的某些方面发挥领导功能，此时教师可能处于追随者地位，而在课程的其他方面，资深教师可能发挥更大的影响力而居于领导者位置，校长和其他教师可能成为其追随者；在年级层次，资深教师可能居于领导者位置，一般教师可能扮演追随者角色；而在班级层次，教师是理所当然的课程领导者，学生成为其追随者。

英国的学科领导者（Subject leader）也在扮演着课程领导者角色。学科领导者（Subject Leader）一词是近十年才出现的，它是对学科协调人（Coordinator）反思的产物。1998年，英国教育与就业部（Department for Education and Employment，DfEE）下设的师资培训局（Teacher Training Agency，TTA）公布了《学科领导标准》(*the Standards for Subject Learder*)，希望学科领导者通过专业发展，在学科的策略方向和发展、教学和学习、领导和管理教职员工以及有效率和效能地运用教职员与资源四个方面发挥实质性的影响，做变革的代理人。在英国教育与就业部公布的《学科领导标准》中，学科领导者在课程领导中扮演的角色主要是以下三种：领导者、管理者，专业人员，协调者。作为领导者和管理者，学科领导人要执行学科相关的职责，思考学科的发展策略，为学科发展提供指导，保证学科教师向着共同愿景发展。与此同时，他们还要监控、评价教师，因此，学科领导者也是学校的中层管理者。在不同的学校里，学科领导人对自己所扮演的两种角色的理解是有区别的，他们将自己看作领导者还是管理者，这与学校中学科领导人的构成差异有关。在有的学校中，学科领导人更趋向于将自己看作行政者，而不是领导者。而在以学系为本的学校中，他们则会尝试着增加领导的角色。作为专业人员，学科领导人要制订学科目标、计划，要考核、评价教师，要对教师的专业发展负责，还要“通过学科来促进学生的识字能力、计算能力和信息技术能力的发展”。作为协调者，学科领导人除了要负责学科教师的专业发展外，还要“确保学生个人和合作学习技能的有效发展，为学生制订明确的目标，评价学生的学科进步情况和成绩；还要评估、记录、报告学生的成绩，并利用这些信息来判断成绩和帮助学生设定下一步进步的目标”。他们还要“与家长就学生的学习等建立合作伙伴关系”，并且“为了延伸学科课程，提高教学水平，学科领导人还要与当地社区，包括商业和工业部门建立有效的联系”。

当前研究中，也有一些学者对教研组长的角色进行了探讨。从目前研究来看，教研组长角色的定位主要有两种认识。

一是将教研组长角色定位为业务领导者。如有研究者认为，教研组长由于各种原因已形成的角色定位与教研活动要求教研组长应扮演的角色相对照，显得格格不入，出现了教研组长角色错位现象，进而提出教研组长在新课改背景下的角色定位：教研的平等合作者、教研活动引领者、智慧激发者。周丽蕊、黎炳学、卫发昌也提出，在校本教研中，教研组长作为各项研究活动中平等的首席，应找准角色定位，努力成为校本教研活动的参与者、自我反思的促进者、研讨活动的组织者、教学教研的引领者、研究氛围的营造者。

二是将教研组长角色定位为行政业务领导。马连奇认为，在中小学，普遍存在着一种误解，把教研组长等同于一般教学骨干来看待，教研组长也模糊了自己的角色，提出教研组长应该扮演如下角色：通晓本专业知识的真专家、热心教育科研的领头雁、人际关系的协调者和对外联络者、宽严适当的管理者、学习型组织文化的培育者、本组教研设施的保管员。程红兵认为，教研组长既是老师们直接的业务领导，也是具体的执行官。教研组组长的定位是学科教研的引领者、教研活动的策划者、教研活动的组织者，是策划和组织教研活动的直接责任人。

（三）文献评价

在对文献进行研究形成文献报告之后，还需要对文献报告进行评价。从区内教师成长课题乃至规划课题的开题报告情况来看，这部分工作做得最差，很多开题报告的文献综述部分甚至只呈现出文献报告，而没有文献评价。文献评价非常重要，其作用一方面在于分析上述观点、理论和成果对于本研究领域发展的意义和局限；另一方面也在于引导读者的视野和思维，使之清楚地发现自己当下的研究在整个研究和理论脉络中处于何种位置，为什么是有意义的。在有些研究中，研究者也可以通过评述最终将自己的研究框架建立起来，使整个研究都明朗化。

文献评价主要由两部分构成，一是对文献报告已有研究成果进行总结概括，二是针对已有研究成果的不足进行评价。

为了让读者能够对文献综述有一个直观的、整体的认识，我们以《中小学校内涵发展督导评估文献综述》为例进行展示。

中小学校内涵发展督导评估文献综述

一、内涵发展的研究

（一）内涵发展的概念

作为一种价值理念，内涵发展日益受到人们的重视。对于这一概念的界定，已有文献一般是从两个角度来进行的，一是明确内涵发展的主体是谁，二是确定内涵发展的目标。根据内涵发展目标不同，内涵发展的概念主要有两种。

1. 内涵发展是促进人的发展。孙士杰认为：“学校的内涵发展一般是指在学校规模已经具备、办学条件基本完善、教学管理基本规范的基础上，以提升教育教学质量为核心的发展方式，主要表现在学校办学理念、学校发展规划和共同愿景、师生核心价值观、学校文化品位、有效学校管理、教育教学改革和创新、综合办学实力水平等，核心是以人为本的发展，即师生的最优化发展。”梁歆、黄显华从能量建构角度看待内涵发展，认为“学校内涵发展其实恰恰是建构学校的内部能量。校内的全体人员有效地利用外部资源和机遇，切实发展自身的学习能量，从而实现学生的主动发展”。

2. 内涵发展是学校的可持续发展。柴江、潘明珠认为：“教育内涵发展是学校从内部出发，依靠结构优化、人文突显、效能提高和科学管理等，引发学校发展原动力，从而促进学校教育可持续发展的过程。”冯建军指出：“内涵发展主要依靠教育内部要素的优化与调整，充分挖掘教育内部潜力，提升教育质量，促进质量均衡。”

（二）内涵发展的特征

范国睿、李树峰从均衡发展角度来审视内涵发展特征，认为内涵发展的特征主要表现在四个方面，“作为一种节约型发展的内涵发展，作为一种创新型发展的内涵发展，作为一种互补型发展的内涵发展，作为一种持续型发展的内涵发展”。柴江、潘明珠认为教育内涵发展的特征是“学生的终极关怀”。

（三）内涵发展的策略

如何实现教育内涵发展是多数学者探讨的话题。现有文献主要探讨了学校内涵发展和区域教育内涵发展两个层面。

1. 基于学校内涵发展的角度。孙世杰以促进学校内涵发展的有效管理机制为切入点，认为推动学校内涵发展，需要建立风险预警机制，有效地干预和破解发展中的风险和危机；建立质量检测机制，核算成本产出，提高教育品质；建立权力分配机制，切块管理与分类管理。柴江、潘明珠认为，实现教育内涵发展，必须“以课堂教学改革为切入点，以学校文化建设为根基，以教师专业成长为支撑”。吕幼夫认为，内涵发展策略是“创建合适的学校内涵发展环境，推进教师全面发展工作，制定与内涵发展相适应的学校教育教学评价体系。”冯建军则认为，推动义务教育优质均衡，需要“以办学理念和学校愿景引领学校发展；创建特色学校，为每个学生提供适性的教育；从单一的认知走向全面的综合；创造多样化的培养模式，满足个性化人才成长的需要；在日常的‘研究性变革实践’中推进课堂变革”。

2. 基于区域教育内涵发展的角度。范国睿、李树峰认为，基于内涵发展的促进教育均衡发展策略有三点。一是资源共享，提高教育资源利用率；二是成本核算，创建节约型学校；三是多元评价，缩小教育质量差距。梁歆、黄显华从能量构建的角度出发，认为实现学校内涵发展的途径可以从五个方面来进行：一是形成分享的目标，二是促进人的发展，三是建构组织的能量，四是关注课程与教学，五是建立高效能的学校领导。张凤华以北京市海淀区小学教育为例，认为追求内涵式发展需要从三方面着手实现区域小学教育新的突破。一是以规范为基础，提高管理水平；二是以特色为导向，提升办学品质；三是以质量为根本，促进内涵发展。顾峰以上海市青浦区为例，认为推动教育内涵发展需要进行课程教学改革，强化师资队伍建设，引导学校依法自主发展。张怡以济南市槐荫区整体性区域性推进教育内涵发展为例，指出区域推进内涵发展的三个基本策略。一是加大投入，整体提升硬环境；二是目标引领，面向全体抓质量；三是任务驱动，面向校长教师抓培训。柴江、潘明珠通过对江苏省30所个案学校的研究与分析，总结出教育内涵发展的六个途径。一是内涵发展的理念要求教育回归其本质，二是教育内涵发展的核心是学生生命价值的展现，三是教育内涵发展不可忽视课堂教学改革的价值，四是教育内涵发展需要理清学校文化建设的根基，五是学校内涵发展应注意教育公平下薄弱学校的转化，六是教育内涵发展的重点在于唤醒教师专业成长的自主性。

二、督导评估的研究

1991年，原国家教委制定《普通中小学校督导评估工作指导纲要》，1997年印发《普通中小学校督导评估工作指导纲要（修订稿）》，我国中小学校督导评估工作由此开始。通过梳理多年来的研究文献，可以发现关于督导评估的研究主要集中于以下五个方面。

（一）督导评估类型

1. 国外的督导评估研究。目前比较有影响的督导评估模式主要有三种。一是英国发展性学校督导评估模式，其主要措施包括“建立全国统一的督导评估标准；重组督导队伍；实施以教育质量为核心的学校发展计划；改革评价方法，指导学校自评；推行‘特殊措施学校’与地区整体改善方案”。二是美国“人力资源开发式教育督导”评估模式，“学校督导评估的目的就是要促进学校组织的改善和学校中每个教师的进步。”三是联合国经济合作与发展组织（OECD）提出的学校效能指标评估框架，“该体系主要包括学校的专业领导与教职员有共同的看法和目标、学校有效的学习环境、教与学是学校过程的中心、有目的的教学、高期望、积极强化、监测学生的进步、学生的权利和责任、家庭与学校之间有效的伙伴关系和学习化的组织等”。

2. 国内的督导评估研究。韩立福认为，国内较有影响的学校教育督导评估模式主要有“发展性学校督导评估模式、研究性学校督导评估模式、教育型目标调控模式、学校绩效评估模式（也称教育质量保障模式）”。也有人认为，“目前，我国对学校的督导评估大体上可归纳为三种类型：鉴定性督导评估、发展性督导评估和研究性督导评估”。

（二）督导评估的主体

苏君阳认为：“督学是学校督导评估实施的重要主体，有专职与兼职之分。专职督学队伍主要由从事过教育行政、学校管理以及教研工作的人员组成。兼职督学队伍主要由教研员、校长与教师构成。除了督学以外，参加学校督导评估的还有社区代表与家长代表，但他们均未取得正式的督学资格。”袁益民认为：“从全国范围来说，目前以具有相对独立地位并已形成比较完备的组织体系的督导机构为主来承担评估任务，比较合理和可行。评估监测研究人员等外部专业力量可以作为合作伙伴，配合督导部门主导的学校评估工作，承担起以同行交流为主的专业性学校评估的任务。”

（三）督导评估的内容体系

由于立足点不同，不同的研究者在进行督导评估的时候考虑的内容体系有所区别。具体来看，督导评估的内容主要有三种。

1. 在宏观层面上建构中小学校教育督导评估内容体系。1997 年，原国家教委印发《普通中小学校督导评估工作指导纲要（修订稿）》，确定了督导评估的内容，明确了以办学方向、管理体制和领导班子、教师管理与提高、教育教学工作、行政工作的常规管理、办学条件、教育质量七项指标为主要内容的督导评估体系，为我国中小学校督导评估工作的开展提供了蓝本。随着素质教育的深入开展和新课程改革的逐步推进，我国中小学校督导评估的内容体系有所变化。坚持素质教育“面向全体学生，促进学生全面发展”的理论，马晓强认为，当前对学校的督导和评估应首先做好以下两项基础性工作：“建立实施素质教育的学校建设标准和学生发展质量标准，建立学生学业成就的国家监测体系。”韩立福认为，中小学校教育督导评估的体系应该包括“学校组织效能与领导能力，教职工合作与工作能力，学校文化与学校风气，有效教学与课堂效果，高期望与学生有效学习，家长联系与参与支持，以及有效的家长、社区和学校评价机制等”。

2. 在中观层面上建构中小学校教育督导评估内容体系。中观层面构建中小学校教育督导评估内容体系主要是各省市区县根据地区实际情况，在《普通中小学校督导评估工作指导纲要（修订稿）》内容体系基础上进行的改进和发展。上海浦东新区人民政府教育督导室于 1999 年开展了发展性教育督导评估体系。督导室制定了《浦东新区学校发展性教育督导评估方案》，包含三套具有内在递进关系的指标体系。“《学校基础性发展教育督导评估指标体系》强调学校教育资源的配置，管理的规范性和制度性，学生发展的基础水平；《学校整体性发展教育督导评估指标体系》强调学校教育资源的优化，管理的系统性和民主性，学生发展的整体水平；《学校主体性发展教育督导评估指标体系》强调学校教育资源的开发，管理的自主性和创造性，学生发展的主动精神。”石灯明认为，县级政府教育工作督导评估主要包括履行教育工作职责、保障教育经费投入、改善办学条件、优化教育发展环境、加强教师队伍建设、提升教育发展水平等方面的内容。为了促进区域教育均衡发展，天津市塘沽区从 2003 年开始进行新的督导评估，制定了《塘沽区中小学办学水平基础性评估指标》，“共设办学方向、行政管理、队伍建设、教育教学4个一级指标，以及12个二级指标和36个三级指标，重点考察的是校长的办学水平、学校的管理效能和教师的教学水平”。楼世洲、宁业勤从县域教育均衡发展的角度入手，以教育公平为根本指导思想和核心价值观，以县级政府为评估对象制定了督导评估方案。方案以“起点公平、过程公平、结果公平”为评估领域，设置了“入学机会、政策规划、经费保障、条件设施、师资配置、普及效果、学业成功”七个一级指标进行评估，以期促进县域教育的均衡发展。左晓梅以17个省级、地市级及县（市、区）级的学校督导评估方案或评估体系为样本，通过对各地督导评估方案进行分析，“从总体上来看，所有省市学校督导评估方案的督导评估内容都源于《指导纲要》，包括办学方向、管理体制和领导班子、教师管理与提高、教育教学工作、行政工作的常规管理、办学条件、教育质量等。与此同时，各地也在积极研究探索，期望通过具体指标体系的构建，解决素质教育的操作性问题，即如何将素质教育由理论形态转化为一套切实可行的操作性指标”。

3. 在微观层面上建构中小学校教育督导评估内容体系。微观层面的教育督导评估内容体系主要是指立足学校角度构建起的督导评估内容体系。根据发展性督导评估的要求，杨鑫鑫认为对学校的督导评估应该采取“基础+发展特色”的指标体系。基础性指标“主要体现为评估标准中的一般性指标，如学校管理、教学工作、德育工作、队伍建设、科研工作等方面的建设和质量水平”。“发展特色性指标强调学校的自主发展和特色建设，主要体现为评估指标中学校自主选择指定的评估指标。”

（四）督导评估的方法

左晓梅在梳理我国普通中小学校督导评估方案后发现，在督导评估过程中，督导评估小组“采取听（听学校自评小组对自评工作和学校情况的全面介绍，听课）、看（看学校的教育教学活动、校容校貌）、查（查阅学校各种类型的档案资料）、谈（召开教师、学生和社会有关人士的座谈会）、访（个别访问党政干部和群众）等形式，全面了解学校的工作情况，获取第一手数据和材料，以此作为学校督导评估报告的重要支持”。韩立福认为，要“建立以质性评价方法为主，以质性评价统整量化评价的方法制度。评价方式和途径多样化，量化评价方法和质性评价方法相结合，能适应综合评价的需要，丰富评价方法。同时，我们可以吸收一切有利于学校教育督导评估工作的评价方法”。

（五）督导评估的问题

李卓认为，学校督导评估指标体系存在的问题主要有两个。一是指标分解的偏差，“指标偏重衡量的是行政办公效益，忽略了学生的中心地位，导致总目标的偏离”。二是在具体指标上还存在“指标要求集中于达标水平上，期望指标缺失；不合理量化，忽视指标的内在效益；结果性指标多，过程性指标少；评估指标的可操作性差”。袁益民认为，当前学校评估存在五个突出问题。一是评估活动过多过频，二是评估指标重硬轻软，三是评估方式烦琐虚浮，四是评估过程高压低效，五是达标标准过宽过滥。左晓梅认为，学校督导评估内容及机制存在六个方面问题。一是整个评估体系缺乏基础保障；二是指标体系构建中“看不到学生”，忽视学生质量问题；三是评估指标的设计缺乏对资源使用效益和学校绩效的关注；四是部分指标的督导评估缺乏可操作性；五是评估指标的设计将督学与督政相混淆；六是督导评估过程中多主体民主参与机制不够健全。

三、中小学内涵发展督导评估的研究

长期以来，对学校督导评估的研究一直有两种视角。一种是关注学校的外延发展，强调对学校办学条件和办学行为的督导评估；另一种是关注学校的内涵发展，强调对学校办学质量的督导评估。从已有文献来看，对中小学内涵发展督导评估的研究主要集中在以下三个方面。

（一）督导评估的侧重点

韩立福认为，在对学校的督导评估中，要“坚持全面质量观，由过去注重外延式评估转向内涵式评估，督导评估的重心转移到基础教育质量上来，由评估学校客观环境条件评估转向教师教学服务和学生综合素质发展”。袁益民认为，“在基本的办学条件正在逐步得到满足的情况下，学校评估的关注点，应从以往的办学条件、生源、优秀教师、升学率等，转到教育内涵、质量、改革与服务等方面上来。它需要关注学校的办学哲学和规划目标，关注学生的成长和教学过程，重视学生的就读经验与学习环境；它必须在意家长是否满意、社会是否认同；它应该注重基于证据的决策和基于知识的管理；它应关注学校是否已建立了一个注重自我反思的内部机制和质量文化”。

（二）督导评估的标准

有学者指出：“学校评价的标准，一方面看其教育方针的落实情况，另一方面也要引导学校自主办学，突出特色。所以应增加有关转变教育观念，创设良好环境，加强教师队伍建设，改革内部评价制度以及办学特色等方面的评价指标。同时应注重学校的办学理念和目标、对学校课程改革的领导工作、社团建设、校园文化及教育科研、对学生综合素质发展的评价等等。”苏君阳认为：“督导评估指标体系的制定应该服从于学校发展规律、教育教学规律以及学生发展规律。今后，在制定区县学校督导评估指标体系时，应适当加大教育教学质量与学生发展状况这两个指标的权重。”李金和提出通过发展性督导评估促进学校内涵发展，强调发展性督导评估的内容包括对教育成果的评价、对学校教育增值的评价、对教学业绩的评价和自我评价、对教师的综合性评价等。赵士勋以杭州市下城区实践为例，提出对学校内涵发展的督导评估指标体系设置上要变“鉴定性督导评价”为“发展性督导评价”，设立基础性指标和发展性指标。其中“基础性指标”体现的是规范管理，为必达指标；“发展性指标”体现的是特色追求，为学校自选指标，提供的是评估要素。此外，还设立了两个“加分”指标：一个是用于鼓励学校在“发展性指标”的特色工作上做出的成绩，另一个是用于学校的现场展示与学生的现时考核。

（三）督导评估的方法

孙世杰指出，对学校内涵发展的督导评估，要实行分类评估督导。“对于办学规范、机制健全、特色鲜明、社会满意度较高的地方名校、品牌学校，应当尽量减少低层次的常规型评估、制度性评估、教条性评估，对有些项目实行免检制度，淡化检查，加强督导，突出发展性评估、水平性评估和创新性督导，鼓励学校进行改革创新，推进重大项目、重点工作、重要改革向更高层次发展。对于一般学校，应当根据实际情况，结合历年督导评估结果，为学校发展把脉，找出问题和不足，实行有针对性重点评估或者专项评估，适当减少评估项目，促使学校找准发展方向，积极补齐短板，提高发展水平。对于薄弱学校特别是偏远农村教学点，要降低评估标准，重点规范办学行为，通过督导评估，帮助破解发展难题，推介优秀办学经验，支持学校尽力而为、量力而行，小台阶式缓步发展，逐步提高要求，促使其提高办学水平，努力缩小校际差距，促进教育公平。”杭州市下城区实行“三步走”策略，对中小学、幼儿园的办学水平进行综合督导。“第一步为‘诊断性督导评估’——校（园）发展规划的研制与评审；第二步为‘形成性督导评估’——校（园）发展规划实施一年绩效与两年绩效的督评；第三步为‘终结性督导评估’——校（园）发展规划实施三年达成度的督导评估及新一轮校（园）三年发展规划的评审。”

四、文献述评

通过对“内涵发展”和“督导评估”的文献梳理可以发现，其研究成果十分丰富。已有成果对内涵发展的概念、特征和策略进行了深入研究，对于督导评估的类型、主体、内容体系、方法和存在的问题进行了充分探讨。虽然已有研究成果相当丰富，探讨相当深入，但是仍然存在一定的问题。

1. 从研究内容来看。已有研究成果对内涵发展的策略进行了深入探讨，有经验总结，也有理论探索。从研究内容的角度来看，基本没有涉及督导评估这一话题。不管是区域教育发展也好，还是学校教育发展也罢，内涵发展强调在挖掘自身潜力的同时有效利用外部条件。督导评估恰恰可以为教育的内涵发展提供外部动力，以评促改，引导区域和学校教育不断走向内涵发展。同时，从督导评估的内容体系来看，现有研究主要关注办学条件、生源、教师、升学率等，对教育的内涵涉及较少。从未来发展来看，下沉重心，体系化内涵发展指标，对内涵发展进行专门督导评估大有裨益。

2. 从研究方法来看。研究者对督导评估进行了大量实践探索，根据地区特点探索出了一系列督导评估的内容体系和方法，但是，纵观已有成果会发现，现有研究方法还是以定性为主，缺乏对定量方法的使用。从未来发展来看，探索出定性和定量方法相结合的督导评估仍具有很大的发展空间。

四、研究目标和内容

研究目标和研究内容是开题报告的关键部分之一。通俗而言，研究目标就是通过课题研究所要实现的目的，即课题研究“到哪里去”的问题。研究内容就是为了实现研究目标所要研究的具体对象，即课题研究“如何去那里”的问题。从二者关系不难看出，研究目标和研究内容具有很强的呼应关系。研究目标解决的是方向问题，研究内容呈现的是途径问题。研究目标和研究内容质量的高低，直接影响着课题研究成果的科学性、借鉴性和可推广性。既然课题研究目标和研究内容如此重要，那么如何来写好呢?

（一）研究目标的拟订

1. 制订研究目标的原则

如前所述，研究目标是解决课题研究的方向问题，因此，在制订研究目标的时候一定要遵循一定的原则。

情境性。在“研究背景与问题的提出”部分已经讲过，课题研究一定是基于一定情境之下的研究。正因为如此，在制订研究目标的时候也要考虑到课题研究的情境性问题。只有如此，研究结论才有可能被借鉴或者推广。情境性就是告诉读者“我”是在什么情境下进行的研究。

现实性。现实性就是研究目标的实现要有一定的基础条件，是通过课题研究可以实现的。制订研究目标的现实性原则要求我们在制订研究目标的时候一定要从现实出发，有理有据，既不过高期望，也不妄自菲薄，以能够把握为宜。在成长课题研究中，我们会发现有些老师制订研究目标的时候过分夸大课题研究的重要性，比如课题是研究小组合作学习，在目标制订的时候，其中一条为“帮助学生社会属性的成长，健康地成长为社会的人，有社会责任感，有团结协作的意识和能力，尽早形成独立意识，认识到自己的潜力所在，努力将爱好与事业融为一体”。这样的目标表述很明显已经脱离了一个小组合作学习的研究范围，不具有现实性。

操作性。操作性有两方面的要求。一是技术上的操作性，研究目标要具有明确的指向，能够找到现实当中的对应物，可以进行一一测查。教师成长课题“西部地区中职学生自信心状况调查及对策研究——以重庆市立信职业教育中心为例”在制定研究目标上就遵循了这一点，该课题的目标非常明确，“一是调查研究西部地区中职学生自信心具有怎样的总体状况和突出特点，二是分析出中职生自信心存在的问题，三是探索解决西部地区中职生自信心问题的方法”。通过这样的目标表述，我们能够看到研究者的研究思路，并且在结题的时候可以对照这三条目标一一进行测查。二是在时间上要能够完成，这就要求研究者在制订研究目标的时候一定要凝练，选择最需要解决的问题入手，制订切实可行的目标系统。特别是对于教师成长课题而言，都是一到两年的时间，要想在这么短的时间内完成过多的研究目标很显然不切实际。教师成长课题“小学美术欣赏教学的实践研究”就犯了这样的错误。该课题的研究目标有如下几条：“收集整理适合各年段的欣赏媒材；探索小学各年段适合学生欣赏的美术内容，形成专题欣赏课；利用平时的教学，养成随堂欣赏的习惯；每天利用课前三分钟，了解一位名家或欣赏一幅名画；有效提高学生的欣赏能力及鉴赏水平；提高学生对美术的学习兴趣，提高学生对美与生活的认识及应用；使欣赏课程专题化、常态化，逐步形成具有特色的欣赏课程。”不难看出，研究者要在一到两年的时间内完成小学美术欣赏课的课程资源开发、提高学生欣赏能力和应用能力、开发出美术欣赏课校本课程，这样三个目标能够完成吗？

2. 制订研究目标的基本步骤

明确情境性条件。研究目标制订的过程也是对课题进行重新解读的过程。这种解读一定要对课题中的关键词进行解读，也就是明确情境性的条件。以“小学高段语文高效预习的策略研究”为例。在制订此课题研究目标的时候，我们首先要明确几个问题。第一，小学高段语文预习有什么特点？与低段和中段学生的预习有何区别？第二，什么是高效预习？“效”到底是什么？效率？效益？还是效果？高效是指效率高、效果好还是效益高？第三，预习策略是什么？围绕这三个问题进行层层推进、步步追问，我们会逐步明晰该课题的情境性。第一，小学高段学生的预习与中低段有所区别，高段学生语文预习不能仅仅着眼于学生预习习惯的培养，更主要的是要在预习方法和预习内容选择上下功夫，是基于能力取向的培养。第二，高效更主要的是针对学生学习效果而言，主要是要通过预习让学生学会自主学习。第三，小学高段语文预习策略主要是围绕预习方法培养、预习内容选择展开的。通过情境化解读，“小学高段语文高效预习的策略研究”的研究目标就可以基本锁定：通过本课题研究，让学生在预习方法、预习内容选择等方面有所突破，切实提高学生自主学习的能力。

分层设定目标。研究目标具有一定的层次性。一般而言，我们会将课题研究目标分为总目标和子目标。总目标是对课题研究终极性目标的表达，要抓住课题的主要方向。子目标在总目标的指引下进行细化，分不同维度解决问题，并且这些问题的解决一定能够使总目标落到实处。重庆市教育科学“十二五”规划 2012 年度课题“区域性构建‘学本式’卓越课堂的实践研究”在目标制订的时候即借鉴了这样的表达方式。其目标表述为："总目标：实现中小学课堂教学的基本转型，全面提高课堂教学整体质量。子目标：1. 构建多元、开放、包容的区域性'学本式'卓越课堂模式群；2. 形成区域性'学本式'卓越课堂的有效策略；3. 建立'学本式'卓越课堂的区域性评价体系。"当然，在具体的表述上可以不借鉴这种总—分表述方式，完全可以根据序号一一罗列。但是，这种分层设定目标的思维方式一定不能忽视。在实践中，我们发现很多课题目标界定之所以不够明确，很大程度上就是在思考问题的时候缺乏这种分层的深度考量。

分类分解目标。制订研究目标一定要有归类的意识，否则，制订出来的研究目标就会飘忽不定，缺乏整合性。在分类分解目标的时候，我们一般是按照"事""人""组织"这样的思路展开的，尤其是对于教师成长课题这样周期的、草根性的研究而言，更要具备分类分解目标的意识。对于中小学教师成长课题而言，课题研究中的"事"无非是教育教学中那些细微之事，比如通过研究将得到什么新途径、新方法、新策略、新制度、新模式，再比如，通过课题的调研会发现存在的问题，等等。课题研究中的"人"基本定位就是两类。一是学生，要思考通过课题研究使学生如何？是学得更轻松吗？还是某方面的能力得以提升？二是教师，本课题研究到底对教师要有什么样的帮助？是提升教师能力，还是促进教师发展？诸如此类，都是我们思考的基本方向。课题研究中的"组织"既可以是教研组、备课组，也可以是班级，还可以是学校。以区规划课题"剪纸校本课程的开发与实践的研究"为例，该课题在目标制定的时候基本从"事""人"和"组织"三个方面入手，其目标表述为："1. 教师发展目标：探索剪纸文化传承和剪纸教育教学有机结合的方法与途径；增强教师课程开发能力，提高教师的科研水平。学生发展目标：热爱剪纸艺术，传承剪纸文化。掌握剪纸的基础性知识和基本技能，培养细心、耐心、专心的品质，促进艺术素养的提高。校本课程目标：探索剪纸教学年段目标，开发儿童剪纸教学内容，编写剪纸教材，打造剪纸课堂，传播剪纸文化，开展剪纸活动，建立学校剪纸校本课程体系。特色校园目标：以剪育德，以剪益智，以剪健体，以剪韵辐射学生全面发展，促进剪纸特色学校的创建。"当然，不同的研究课题侧重点肯定有所不同，研究者要根据研究主题和情境化分析来确定具体研究目标，在此仅提供几个维度供教师参考。

（二）研究内容的拟定

课题研究内容的拟定一定要紧扣课题的目标，不要让研究内容偏离课题研究目标。研究内容是为了实现研究目标而开展的具体问题研究，要根据研究目标而进行，在此不做过多赘述。关于研究内容的拟定，仅强调两点。第一，研究内容具有相对独立性。虽然研究内容是根据研究目标制定的，但是研究内容也具有相对独立性。每部分研究内容都可以单独拿出来作为一个小的课题研究。第二，研究内容的选择不能随意而行，一定要选择需要重点解决的问题作为研究内容。为了让读者能够更清楚地了解研究目标和研究内容的关系，同时也为了展示研究内容本身的特点，我们以“区域性推进义务教育内涵式均衡发展的实践研究”研究目标和研究内容作为案例进行剖析。

研究目标和研究内容

（一）研究目标

（1）积极培植区域内教师研修新土壤，加大教师队伍专业化建设力度，整体提升师资水平。

（2）加快促进课堂教学优质化进程，最大限度减少低效课堂，整体优化区属义务教育课堂教学生态。

（3）大力建设多元化教学管理评价新体系，提升区属各类义务教育学校管理水平，促进区域内义务教育管理的科学化。

（4）激发学校办学积极性，推进特色学校建设，引导学校在充分考虑当下实际情况的基础上实现优势突破。

（二）研究内容

1. 教师队伍专业化研究

（1）校本研修与中小学教师专业成长研究。

立足校本研修大视野，采取比较研究的方法，重点研究具有区域特色的校本研修模式，如“1+N”帮扶模式、学区研修团队模式、薄弱学科“帮扶”模式、小课题研修模式、答辩式教学设计模式等，在本土教师智慧成长中的价值、优势与不足，尝试建构新的校本研修模式。

（2）学科教育培训促进教师专业发展研究。

研究本土优秀教师教学实践对先进教育理论、学科教学思想、学科内容及本质的理解与把握，建设并有效运用学科教育资源与学习中心。重点研究在行动学习、案例学习、田野研究等教师自主发展模式中，学科教育理论的引领、指导和渗透；研究学科教育在研修活动中的基本原则、方法和途径。

（3）课题引领中青年教师成长研究。

研究市、区、校三级教育科研课题在打造优秀教师团队中的价值、意义、途径和方法。

2. 课堂教学优质化研究

（1）课堂教学优质化模式研究。

通过对国内外课堂教学的比较研究和区域内课堂教学的现状调研，厘清区域性课堂教学优质化的理论基础和价值取向，探索建立区域性课堂教学优质化模式，引导学校开展课堂教学优质化模式的运用与创新研究。

（2）课堂教学优质化评价标准研究。

围绕区域性课堂教学优质化的理论基础和价值取向，通过对国内外课堂教学评价标准的比较研究和区域内课堂教学评价标准的现状调研，初步建构区域性课堂教学优质化评价标准体系，并进行实证研究。

（3）课堂教学优质化评价标准应用研究。

开展区域性课堂教学优质化评价标准的应用研究，探索区域性课堂教学优质化评价标准的应用途径和方法。

3. 教学管理科学化研究

（1）教师课堂教学胜任力评价研究。

研究教师课堂教学胜任力构成的基本要素、养成方式与课堂评价操作等问题。

（2）学校教学管理评价研究。

研究学校教学管理制度建设及科学的运作，教学管理人员公平、合理、优化配置，绩效工资背景下教师的效能评价。

（3）区域性教学管理评价研究。

研究义务教育阶段学生以及高中学生的学业、体能、品行、心理等方面的发展指标，建立促进学校教学管理科学化的增值性评价体系。研究县（区）研修机构对中小学校教学管理有效调控的机制。

（4）区域性义务教育内涵式均衡发展水平监测体系研究。

研究并构建区属义务教育内涵式均衡发展水平的监测体系，并开展实证研究。

4. 学校发展特色化研究

（1）学校发展特色化模式研究。

通过对国内特色学校建设的比较研究，结合本区实际情况，探索区域性学校发展特色化模式。

（2）区域推进学校发展特色化的研究。

以课题研究为载体，探索符合区域特点的学校发展特色化机制，推动区域学校实现特色办学。

五、其他部分

在开题报告中，除了上述重点探讨的四部分外，还有一些内容需要进行介绍。不过，由于篇幅原因以及教师成长课题要求相对较低等特点，在此处仅稍作介绍。

（一）理论基础

理论基础主要是指本课题研究开展所借鉴的理论。对于教师成长课题而言，因为课题本身所研究的主要是教育教学中的小问题，所以在选择支撑理论的时候尽量从教育学、心理学、社会学等方面入手。需要指出的是，开题报告中要呈现理论基础并不是为了所谓的“装点门面”，要对课题研究具有实实在在的借鉴价值才可以。比如教师成长课题“高中文综课堂中小组合作学习的优化策略研究”，在进行该课题研究的时候，研究者借鉴的理论主要是合作学习理论、生本教育理论和马斯洛的需要层次理论。还需要强调的是，理论基础不宜过多，选择对课题研究最具指导意义的理论，一般以不超过三个为宜。

（二）研究步骤

研究步骤就是课题研究在时间、任务上的安排。一般而言，研究步骤包含开题到结题的全过程。在制定研究步骤的时候要考虑研究内容的相互关系和难易程度，先从基础性问题开始。以教师成长课题“低年级阅读教学中的书面语言训练的有效性研究”为例，为了提高阅读教学中书面语言训练的有效性，研究者先从最基础的调研工作开始，以一年级学生水平的识字测试卷和词汇量测试卷为依据进行调查、统计和分析，发现存在的问题，为提高阅读教学中书面语言训练的有效性打下基础。同时，研究步骤需要对每一阶段的起止时间和主要任务进行细化，做到有计划、有步骤地开展研究，这样才能够保证课题研究按时、保质、保量完成，也可据此对课题研究进行检查、督促和管理。

（三）预期成果

预期成果即研究过程可能出现哪些情况、问题研究会带来什么成果，有什么对策。预期成果形式包括研究报告、调查报告、论文、著作等多种形式。课题不同，研究成果的内容、形式也不一样，但不管形式是什么，课题研究必须有成果。对于教师成长课题而言，成果形式主要是研究报告、调查报告，有能力和条件的也可以发表论文和出版著作。需要指出的是，预期成果的表述必须是名词词性，诸如“完成课题研究报告”“发表相关论文”之类的都是不规范的。同时，预期成果能够将成果名称具体化的尽量具体化。

（四）参考文献

参考文献也是开题报告的一部分。有些教师认为参考文献可有可无，这是一种认识上的误区。参考文献能够反映出研究者在开展课题研究之初所做的基本工作。开题报告中的参考文献一定是与课题研究主题相关联的，不要为了“面子上过得去”而写参考文献。同时，参考文献的著录格式一定不能出现错误。通过对这几年的教师成长课题观察可以发现，很多研究者对参考文献的著录格式不甚清楚。基于此，我们将常用的几种文献著录格式进行简单介绍。

期刊文章—J

著录格式：期刊作者. 题名［J］. 刊名，出版年，卷（期）：起止页码.

例如：刘凤学，吴占权. 教研组与年级组管理体制的优劣辨［J］. 石油教育，1998（4）：16.

专著——M

著录格式：专著作者. 书名［M］. 版本（第一版不著录）. 出版地：出版者，出版年：起止页码.

例如：于泽元. 课程变革与学校课程领导［M］. 重庆：重庆大学出版社，2006：10.

学位论文——D

著录格式：学位论文作者. 题名［D］. 保存地点：保存单位，年份：起止页码.

例如：黄腾蛟. 小学校长的课程领导角色与权力研究［D］. 重庆：西南大学，2008：35.

报纸文章——N

著录格式：报纸作者. 题名［N］. 报纸名，出版日期（版次）.

例如：叶莎莎，柴葳. “奥数”背后的经济链［N］. 中国教育报，2005－02－28.

第二节　结题报告的撰写

在上节内容中，我们对开题报告的相关情况进行了大概探讨。对于课题研究而言，开题报告只是为读者呈现出课题研究的基本蓝图，经过一个课题研究周期之后，课题研究得如何？既定研究目标是否达到？这就需要结题报告来体现。一篇好的结题报告，需要回答好三个问题。第一，“为什么要研究这项课题？”即这项课题是在怎样的背景下提出来的，研究这项课题有什么意义。第二，“课题是如何进行研究的？”即研究的理论基础与依据、目标与内容、方法与步骤。第三，“课题研究取得了哪些研究成效？”即研究的主要成果、结论，乃至存在的问题与建议。对这三个问题的回答，就构成了结题报告的一般框架。具体如下：

（1）研究背景。（为什么要选择这个课题？）

（2）理论基础及依据。（用什么理论指导课题的研究？）

（3）核心概念界定。（研究的课题具体内涵是什么？）

（4）文献综述。（课题相关研究成果有哪些？存在哪些不足？）

（5）研究目标及内容。（研究的预期目标是什么？从哪些角度入手完成预期目标？）

（6）研究方法。（运用什么方法完成课题研究？）

（7）研究成果。（课题研究取得了哪些成果？）

（8）研究影响与效果。（课题研究成果的影响如何？）

（9）问题与讨论。（课题研究中还存在哪些问题？如何改进？）

（10）结论与建议。（课题研究的基本结论是什么？对研究者有何建议？）

（11）尾注、参考文献。（按规范罗列）

结题报告的主要内容，有些在第一节已经做过介绍，在本节中不再赘述。同时，考虑到教师成长课题的实际情况，在本节当中，我们将重点就课题的研究成果、问题与讨论、结论与建议三部分的撰写进行介绍。

一、研究成果

研究成果是结题报告中最重要的部分。一个结题报告，能否全面、准确地反映课题研究的基本情况，使课题研究成果具有推广价值和借鉴价值，关键就在于本部分内容。一般来讲，研究成果部分在篇幅上要占到整个结题报告的一半左右。研究成果分为理论成果和实践成果。下面，我们将分别就这两种成果的撰写进行简要介绍。

（一）理论成果

提及理论成果，很多一线教师往往会感到高深莫测。其实，课题研究中的理论成果不仅仅指那些产生深远影响的理论体系。对于教师成长课题而言，进行理论上的创新是很难的，也不是开展教师成长课题的初衷之所在。就中小学教师进行课题研究而言，我们认为的理论成果更主要的是指那些通过研究得出的新观点、新认识、新方法、新策略等等。理论成果的撰写一定要进行综合归纳和提炼，要用提纲挈领的语言表达。以教师成长课题“提高小学中高段学困生数学课堂学习积极性的策略研究”为例，该课题研究的主要内容就是提高小学中高段学困生数学课堂学习积极性的策略。通过一个周期的研究，研究者对研究成果进行了总结，提炼出优化策略。

学困生的成因各有特点，但是有一点是相同的，就是他们往往都有想学好的愿望。在我们前后两次问卷调查中，有90%以上的学困生都表示想学好数学，但是由于学习方法、学习能力的原因使学习障碍积重难返，逐渐失去了对学习的信心。为此教师要善于抓住课堂教学环节，从解决情感问题入手，关爱学困生，为学困生创造学习机会，鼓励学困生及时掌握和理解所学知识，跟上学习进度，增强学习自信心。具体措施如下：

1. **创造听懂的机会**

课堂教学必须面向全体学生，但学困生因知识缺漏较多或智力发展较慢等诸多原因，以至于他们不能适应正常的教学进度，听不懂课，因而出现不专心、走神等现象。因此在讲知识的关键处或易错易混的内容时，教师要特别提醒他们把手中的事放下来，坐端正，集中注意听讲，排除一切干扰，形成有意注意。教学中凡是重点、难点内容，教师都要有意识地放慢速度，并请学困生复述所讲内容或回答简单问题，借以检查他们是否已初步掌握知识，同时发现问题能及时解决。课堂教学中我们要尽量争取使学困生在每一节课都有不同程度的收获。即使有些问题课堂上一时解决不了也要在课后及时补救。

2. **创造思考的机会**

学生理解并掌握知识以及思维能力的培养，都必须经过自己独立思考的过程，而这对学困生也同样适用。课堂上教师提出问题后，一定要先留一点时间让学困生独立思考，然后让其回答。并且尽量做到对学困生优先提问，优先展示。这样做一方面使学困生注意听讲，另一方面使学困生有独立思考的机会。此外教师还要注意尽量将练习安排在课内进行，以便进一步了解学困生掌握所学知识的具体情况。对学困生辅导，要以启发再启发为主，不要急于让学困生在机械的模仿中得出正确答案，即使对收获较少的学困生，也要不急躁，而要耐心分析问题，对症下药予以解决。

3. **创造实践的机会**

对于小学阶段的学习来说，每一个概念的形成都是一个由具体到抽象，由感性到理性的认识过程。但学困生的思维水平更多是停留在对具体形象的感性认识上，较难实现这一过程的转化。我们在研究中发现学困生大多比较好动。根据这一特点，在教学中教师创造条件让学困生多动手、多实践就具有更深的意义。如在教学“轴对称图形”一课时，教师通过“玩”“识”“做”“赏”四个环节让学生从初步感知到体悟特征到深化体验再到提升认识，课堂中学生的每一次操作，都是一次认知的提升。三年级学生正处于低段与高段的衔接处，其数学思维也正不断发展，但体验永远是最好的教育形式之一。

4. **创造“先学”的机会**

卓越课堂提倡先学后教，独立自学之前学生还应该学会预习。预习是学习过程中的第一步，是学生自己摸索、自己动脑、自己理解的过程，也是他们自学的过程。预习既是上好数学课的重要环节之一，也是提高学生自学能力的必要途径，更是提高数学课堂教学效益的有效途径。学困生本身基础较差，如果没有在课前有效预习，课堂上要和其他学生一起学习必然会跟不上节奏，因此教师要重视课前预习。如我们在执教“长方形、正方形面积的计算”一课时，教师明确提出让学生在课前进行充足的预习，所以上课时学生都知道如何计算长方形、正方形的面积，也能准确说出计算的公式，只是对于为什么要用这个方法来计算它们的面积时，学生比较茫然。预习让学生知道了结论，因此教师重点引导学习探索、研究长方形、正方形面积公式的来源上。这样一来不仅节约了课堂教学的时间，也让学生得到操作实践的机会。

5. **创造暴露和矫正错误的机会**

由于学困生大多具有自卑心理和不良学习习惯，致使他们经常不愿意暴露和不想了解自己的错误。只有知错才能纠错，所以，教师要在主动创造良好环境，多形式、多渠道地创造条件让学困生大胆地暴露自己的错误上下功夫。要抓住“准确”“求实”“及时”三个环节，及时收集学困生对所学知识的反馈信息，随时发现和排除学困生学习道路上的障碍，尽量减少和缩短错误的理解及模糊的概念在学困生脑子里停留的时间。一要准确，就是吸引学生反馈的信息要准确。二要求实，就是每个学生的反馈信息能真实地反映本人对知识掌握和理解的情况。对口头回答的，可以多问“你是怎样想的?”等。对书面作业，要严格督促各自独立思考，严禁抄袭。三要及时，就是要及时做好信息反馈工作，发现问题及时辅导、矫正。学生的作业要尽量安排在课内完成，使学生在良好的学习环境中，集中注意力完成作业，这样既能减轻学生课业负担，又能及时发现问题辅导矫正。对个别未掌握知识点的学生，要进行课外辅导并再布置少量巩固性的作业。

通过上述案例不难看出，研究者通过让学困生听懂、思考、实践、先学、暴露五个方面，提高了小学中高段学困生数学课堂学习积极性。对于同类研究而言，这样的成果是可以借鉴和参考的，具有一定的推广性。

（二）实践成果

与理论成果有所不同，实践成果更注重成果的物化形态。在课题研究中，研究者发表的与课题相关的论文、出版的著作、获奖、编制的工具（问卷、量表）、调研报告等，都可以成为实践成果。同时，通过课题研究，能够证明教师和学生的发展情况的相关材料也可以作为课题的实践成果。需要指出的是，课题的实践成果不能仅仅是一些数据，还应该向别人呈现出课题研究所取得成果的具体状貌，最好可以运用数据和图表进行比较与图示，或者运用实例和图片加以描述与说明。为了让读者明白实践成果的基本写法，我们以“区域性推进义务教育内涵式均衡发展的实践研究”部分成果为例进行说明。

（五）促进了区域义务教育内涵式均衡发展

三年多来，在课题研究引领下，沙坪坝区坚持义务教育内涵式均衡发展道路，开展了探索实践，取得了明显成效，提升了区域义务教育内涵式均衡发展水平。主要体现在以下几个方面：

1. 提高了教师队伍专业水平

课题组以师资结构、教学能力和研究能力为切入点，通过 2010 年的前测数据和 2012 年的后测数据比对，做出了区属义务教育阶段学校教师队伍状况有了明显改善的判断。具体阐述如下：

（1）师资结构

从学历结构来看，见下表：

学历结构	研究生学历		本科学历	
	2010	2012	2010	2012
城市学校	1.1%	1.7%	77.1%	80.6%
农村学校	0	1.2%	58.0%	68.5%

数据显示，城市学校和农村学校教师学历层次在研究周期内均得到提高。其中，农村学校提升速度大于城市学校。

从职称结构来看，见下表：

职称结构	高级及以上		中级	
	2010	2012	2010	2012
城市学校	15.4%	18.0%	60.1%	68.4%
农村学校	7.7%	10.7%	32.3%	46.3%

上表显示，从纵向比较，从 2010 年到 2012 年，就高级及以上职称、中级职称教师占比而言，城市学校分别上升 2.6%、8.3%，农村学校分别上升 3.0%、14.0%，所以农村学校上升幅度更大；从横向比较，仅就中级职称而言，2010 年、2012 年，城市与农村之间的差距分别为 27.8%、22.1%，所以城乡之间的差距在缩小。

从学科结构来看，见下表：

学科结构	专职教师	
	2010	2012
城市学校	85.1%	90.3%
农村学校	67.3%	76.6%

数据表明，从纵向比较，从 2010 年到 2012 年，城市学校、农村学校专职

教师占比分别上升 5.2%、9.3%，所以农村学校上升幅度更大；从横向比较，2010 年、2012 年，城市学校、农村学校专职教师占比差距分别为 17.8%、13.7%，所以城乡之间的差距在缩小。

从骨干教师上看，见下表：

骨干教师	未来教育家	重庆市名师	中学研究员	特级教师	中青年突出贡献专家	市级骨干	区级骨干	区级学科带头人
2010	0	4	11	20	1	154	163	16
2012	5	5	17	34	1	210	363	36

四年来，区域骨干教师培养的效果明显。2010 年，全区还没有重庆市“未来教育家”培养对象和提名人选；2012 年，有 5 名教师成为重庆市“未来教育家”培养对象和提名人选。三年间，重庆市名师增加了 1 名，中学研究员增加了 6 名，特级教师从 20 名增加到 34 名。区内的市级骨干从 154 名增加到 210 名，区级骨干教师从 163 名增加到 363 名，区级学科带头人也由 16 名增加到 36 名。从各项数据综合来看，骨干教师总体数量处于重庆市领先地位。

(2) 教学能力

课题组以质量监测、教师赛课、校本课程以及教学建模四个方面对教师教学能力进行了分析。

质量监测。分小学阶段和初中阶段分析：

一是从小学阶段来看，区教委在 2010 年和 2012 年先后组织了两次小学生学业水平监控工作。2010 年全区数学纸笔测试合格率为 95.2%，数学实践操作合格率为 80.4%。与之相比，2012 年的各项监测数据有了相应提高，2012 年全区数学纸笔测试合格率为 98.7%，数学实践操作合格率为 88.0%。见下表：

学业水平监测	纸笔测试		实践操作	
	2010	2012	2010	2012
全区	95.2%	98.7%	80.4%	88.0%

二是从初中阶段来看，根据沙坪坝区所属 34 所普通中学中考联招上线率（上线人数/联招参考人数）统计：全区 2010、2012 年分别为 67.1%、80.0%，增幅为 12.9%；西部农村 10 所普通中学分别为 49.2%、64.3%，增幅为 15.1%。西部农村中学增幅高于全区平均水平，表明城乡学校之间的质量差距在缩小。见下表：

联招上线率	2010	2012
全区	67.1%	80.0%
农村学校	49. 2%	64. 3%

教师赛课。2010年全区教师参加市级及以上级别赛课合计102人次，获得一等奖及以上奖项78人，占76.5%；2012年全区教师参加市级及以上级别赛课合计156人次，获得一等奖及以上奖项129人，占82.7%。在推荐教师方面，给予农村学校适当倾斜，充分调动了农村学校教师的积极性。见下表：

教师赛课	市级及以上		
	总人次	获一等奖及以上人次	获一等奖及以上比例
2010年	102	78	76.5%
2012年	156	129	82.7%

校本课程。教师积极参与校本课程的研发与实施。2010年城市学校中75%的学校开设了校本课程，平均课程数1.63；农村学校中60%的学校开设了校本课程，平均课程数1.25。2012年城市学校中80%的学校开设了校本课程，平均课程数2.12；农村学校中80%的学校开设了校本课程，平均课程数2.04。见下表：

校本课程	开设比例		评价课程数/门	
	2010	2012	2010	2012
城市学校	75%	80%	1.63	2.12
农村学校	60%	80%	1.25	2.04

教学建模。城市学校、农村学校齐头并进，百花齐放。城市学校中比较典型的有区教师进修学院的“生态课堂”“三助式教学”和凤鸣山中学的“魅力课堂”、上桥中学的“活力课堂”、育英小学的“四商课堂”等；农村学校比较典型的是巴师附小的“三学三疑课堂”、西永镇一小的“心动课堂”等。

(3) 研究能力

教师总体的教育教学研究能力通过承担研究课题的数量和研究质量来体现。

从课题数量来看。2010年，全区中小学教师参与市级课题共9项，参研教师441名；参与区级课题40项，参研教师1960人。2012年，教师参与市级课题24项，参研教师1176人；参与区级课题468项，参研教师2830人。农村学校参与课题研究的教师人数占总参与课题人数的比重由14%提升到22%。见下表：

课题数量	市级课题		区级课题	
	立项数	参研教师数	立项数	参研教师数
2010年	9	441	40	1960
2012年	24	1176	468	2830

从研究成果来看，教师课题研究成果无论是数量还是质量都有很大提升。以教师发表论文为例，2010 年至 2012 年期间，教师在核心期刊发表论文数由 0 篇增长到 7 篇，论文获市区及以上等级奖由 36 篇增长到 52 篇。

2. 促进了课堂教学整体变革

课题组以小学语文、数学、英语、科学、音乐以及初中语文、数学、英语、物理等学科为样本，以 A、B、C、D 为四个等级，以教学准备情况、课堂管理、课堂氛围及教师教学机智、教学目标及重难点、教学方法与手段、教师教学行为、学生学习行为等 6 个方面为观测点进行了持续观察。通过前测与后测，我们认为课堂教学整体变革正在悄然发生，课堂教学正在由师本走向生本。

(1) 教学准备，见下表：

观察内容	观察年份	等级评价			
		A	B	C	D
教案设计	2010 年	41.0%	44.2%	14.7%	0
	2012 年	75.9%	22.7%	1.3%	0.2%
上课准备	2010 年	68.5%	27.9%	3.7%	0
	2012 年	88.4%	10.7%	0.7%	0.3%
教具、学具等准备	2010 年	47.5%	26.5%	12.3%	13.7%
	2012 年	81.3%	16.7%	1.9%	0.1%

从表中可以看出，教案设计的 A 等从 2010 年的 41.0%提高至 2012 年的 75.9%；上课准备的 A 等较之 2010 年上升了 19.9 个百分点，达到 88.4%；在教具、学具准备方面，A 等在 2010 年 47.5%的基础上上升了 33.8 个百分点。三项数据中，教案设计 A 等所占百分比基数最低，上升幅度最高；上课准备 A 等所占百分比基数最高，上升幅度最低，但上升后所达到的值接近 90%，则是相当可观的。

(2) 课堂管理、课堂氛围及教师教学机智，见下表：

观察内容	观察年份	等级评价			
		A	B	C	D
课堂管理	2010 年	45.6%	42.4%	10.1%	1.8%
	2012 年	69.2%	27.7%	2.5%	0.6%
课堂氛围	2010 年	52.1%	36.2%	11.3%	0.5%
	2012 年	78.7%	19.6%	1.2%	0.4%
教学机智	2010 年	31.5%	40.7%	23.2%	4.6%
	2012 年	56.8%	38.4%	4.0%	0.8%

从表中数据反映，与2010年的调研相比，课堂管理、课堂氛围及教师教学机智的调研情况都有很大改善，其中课堂管理的A等所占百分比上升了23.6个百分点，课堂氛围的A等所占百分比上升了26.6个百分点，教师教学机智方面的A等所占百分比上升了25.3个百分点。三项指标A等所占百分比的上升幅度均在25%左右。可喜的是，三项指标C、D等所占百分比之和均降至5%以下，说明从这三个维度来看，整个课的优良率大大提升了。

（3）教学目标及重难点，见下表：

观察内容	观察年份	等级评价			
		A	B	C	D
目标呈示	2010年	54.6%	33.9%	7.8%	3.7%
	2012年	68.7%	28.9%	2.3%	0.1%
教学重难点	2010年	49.5%	34.4%	13.3%	2.8%
	2012年	65.0%	30.7%	3.9%	0.4%
目标达成	2010年	35.9%	44.2%	16.6%	3.2%
	2012年	66.6%	30.4%	2.5%	0.4%

从2012年的调研数据来看，目标呈示、教学重难点、目标达成三项指标A等所占比例为68.7%、65.0%、66.6%，与2010年相比增幅分别为14.1%、15.5%和30.7%，这表明教学效果得到了大幅度提升。

再看两个年份中三项数据的比较分析情况：

左图所提示的信息是：2010年，教学重难点的把握和突破情况差于目标呈示的情况，而目标达成情况则更差。这表明，教师心中有了目标，并在课堂上合理地呈示出来，并不意味着目标的达成。而从右图来看，2012年，三条线基本重合，这告诉我们：教师们对教学的认知水平提高了，对教学心中更有数，且能较好地组织课堂，有效引导学生学习，从而使所预设的教学目标在教学过程中顺利达成。

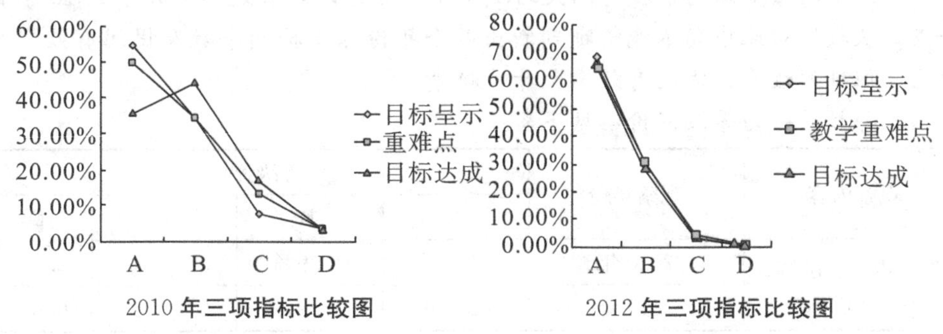

2010年三项指标比较图

2012年三项指标比较图

（4）教学方法与教学手段，见下表：

观察内容	观察年份	等级评价			
		A	B	C	D
教学方法	2010 年	44.0%	33.9%	15.6%	6.4%
	2012 年	65.9%	31.6%	2.3%	0.3%
教学手段	2010 年	38.4%	47.9%	13.2%	0.5%
	2012 年	67.6%	29.1%	3.2%	0.1%

教学方法、教学手段两项指标 A 等所占百分比的增幅分别为 21.9%和 29.2%，2012 年 C 等和 D 等所占百分比之和均在 5%以下。可见教学方法与手段的改进是明显的，而其中教学手段的变化更为明显，这应得益于我区近两年来中小学多媒体设备的迅速普及和教师信息技术水平的普遍提高。

（5）教师教学行为，见下表：

观察年份	学　科	讲授时间（分钟）	有效讲授（分钟）	有效率
2010 年	小学语文	19.9	16.3	81.5%
	小学科学	21.7	14.4	66.4%
	初中物理	23.1	17.2	74.4%
2012 年	各学科	17.5	16.1	84.4%

观察年份	学　科	提问（个）	有效提问（个）	有效率
2010 年	小学语文	16.7	10.6	63.5%
	小学科学	10.9	5.1	46.8%
	初中物理	19.2	16.8	87.2%
2012 年	各学科	17.3	13.5	79.5%

教师平均每节课的讲授时间大约减少了 3 分钟，而有效率提升了近 10 个百分点。从数据对比中尚不能清晰判断出两个年份课堂提问个数及提问有效率的变化，但可大致看出提问有效率上升的趋势。

教师教学行为等级评价，见下表：

观察内容	观察年份	等级评价			
		A	B	C	D
教师指导、讲解、评价	2010 年	41.1%	45.9%	10.3%	2.7%
	2012 年	62.9%	34.0%	2.7%	0.3%

续表

观察内容	观察年份	等级评价			
		A	B	C	D
检测、反馈、矫正	2010 年	33.5%	50.5%	14.2%	1.9%
	2012 年	60.3%	36.1%	3.1%	0.5%
板书	2010 年	37.9%	43.4%	16.9%	1.8%
	2012 年	64.0%	31.0%	4.2%	0.7%

“教师指导、讲解、评价”“检测、反馈、矫正”“板书”三项指标A等所占百分比的增幅分别为21.8%、26.8%和26.1%，对应A等大幅上升的是C、D等的大幅下降。

(6) 学生学习行为，见下表：

观察年份	学　科	学生自学时间	有效自学时间	有效率	—
2010 年	小学语文	11.9	9.9	83.2%	
	小学科学	3.5	2.2	63.4%	
	初中物理	14	12.3	86.7%	
2012 年	各学科	10.5	9.2	87.8%	

观察年份	学　科	小组学习次数	小组学习时间	有效时间	有效率
2010 年	小学语文	1.6	4.4	3.1	70.5%
	小学科学	2.1	13.7	8.1	59.1%
	初中物理	2.1	5.9	5.7	96.2%
2012 年	各学科	1.5	4.9	4.5	91%

观察年份	学　科	学生答问个数	学生质疑个数	—	—
2010 年	小学语文	16.6	1.9		
	小学科学	8. 4	0. 2		
	初中物理	10. 1	1. 7		
2012 年	各学科	32.2	2.9		

学生自学时间明显增加，小组学习有效率明显提高，学生质疑个数明显增多。

学生学习方式等级评价对比情况，如下图所示：

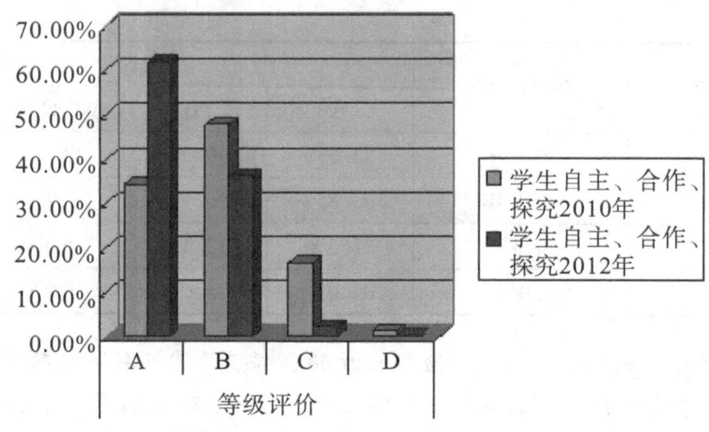

“学生自主、合作、探究”这项指标评定为A等的所占百分比几乎增加了一倍，而C、D两等所占百分比则大大减少。可见学生自主、合作、探究式学习方式已成为学校课堂教学的主旋律。

3. 优化了区域教学管理机制

课题组通过抽样，以268名小学和初中教师为对象，通过发放问卷，对教学管理理念、教学管理机构、教学管理制度、教学评价内容四个方面的内容进行了前测和后测。通过数据对比，我们认为，教学“三维管理”模式优化了区域教学管理机制，促进了区域义务教育的内涵式均衡发展。

(1) 对教学管理理念的认识，见下图：

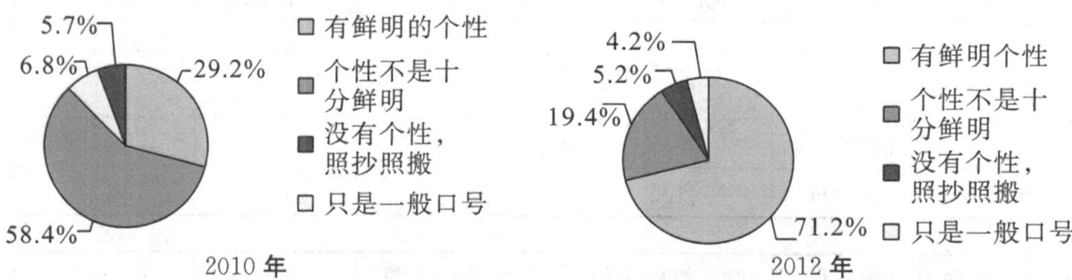

结果显示，2010年，只有29.2%的教师认为本校的教学管理理念具有鲜明个性，半数以上教师认为本校教学管理理念个性不够鲜明。2012年，有71.2%的教师认为学校的教学管理理念具有鲜明个性，这一数据远远高于2010年。另外，只有9.4%的教师认为教学管理理念缺乏个性，低于2010年的水平。

(2) 学校教学管理机构的情况，见下图：

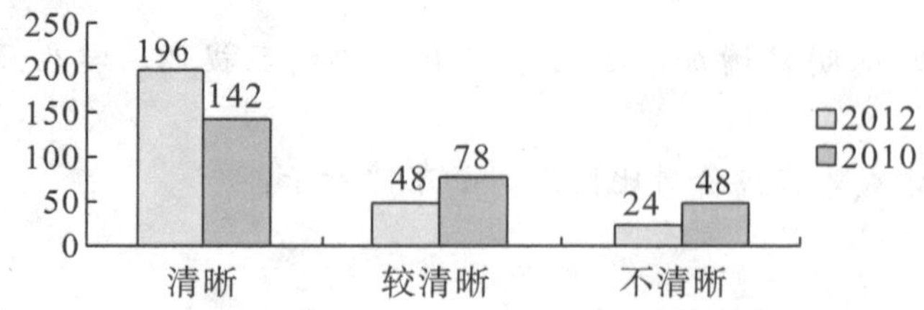

调查发现，2010 年，有 142 位教师认为本校的教学管理机构之间的责任清晰，占调查人数的 53.0%，有 17.9%的教师认为教学管理机构之间的责任不够清晰。与之相比，在 2012 年的调研中，有 73.1%的教师认为教务处、年级组和教研组在职责上相对明确，层次关系明显，高出 2010 年两成。

（3）对教学管理水平的认可，见下图：

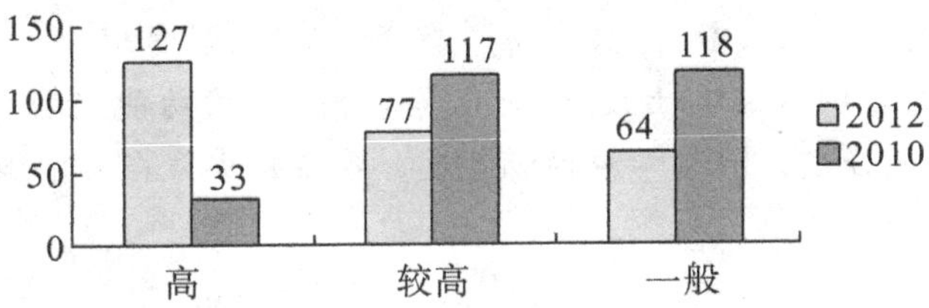

上图显示，在 2010 年的调研中，只有 150 位教师认为学校的教学管理水平高或者较高，占全体教师的 55.9%。2012 年的调研发现，204 位教师认为教学管理水平高或者较高，与 2010 年相比高出两成。

（4）教学管理制度的落实，见下表：

学校教学常规管理制度落实情况			
	完全落实	基本落实	没有落实
2012 年	177	75	16
2010 年	130	57	81

上表显示，2010 年，有 48.5%的教师认为学校的教学管理责任明确，常规教学管理制度能够完全落实，有 81 位教师认为教学管理制度完全不能落实，占 30.2%。从 2012 年的调查情况看，有 177 位教师认为教学管理制度能够完全落实，高出 2010 年 16.5 个百分点。

（5）教学评价内容，见下图：

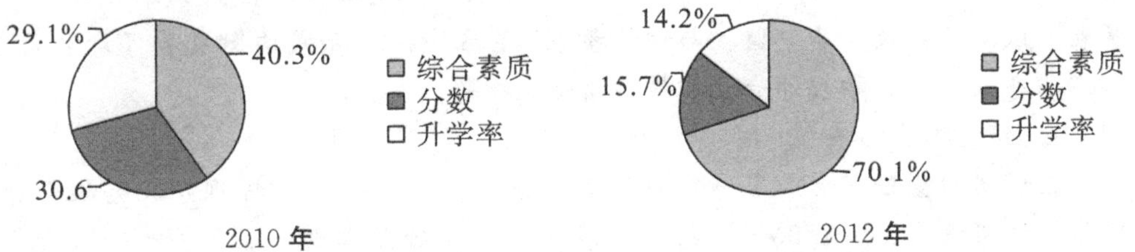

上图反映，2012 年，有 70.1%的教师认为教学评价应该注重学生的综合素质，远高于 2010 年 40.3%的比例。与之相比，在 2010 年的调研中，有 59.7%的教师认为学校教学评价注重的是升学率和学生的分数，这一数据在后测中减少为 29.9%。

（六）总结形成了一批物化成果

三年多的课题研究，我们在实践中不断深化认识，形成了一批反应区域推

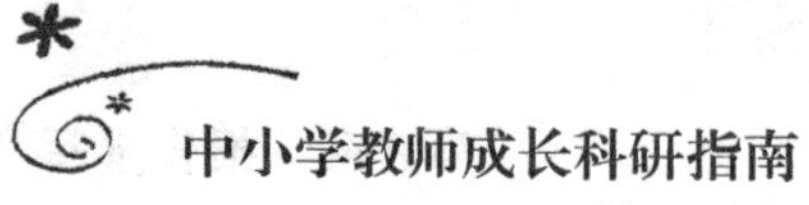

进义务教育内涵式均衡发展的物化成果，主要包括五个方面。

1. 发表论文

据不完全统计，自课题立项以来，课题组和实验学校在各级各类教育类期刊上公开发表论文100多篇。其中，《区域教师继续教育的发展对策》《区域性推进特色学校建设的研究与实践》《人人小星星颗颗亮晶晶》《教研员的课程领导》等多篇论文在《人民教育》《中小学教师培训》《教育理论与实践》《当代教育科学》等教育类核心期刊上发表。《发挥研修机构功能助推学校特色发展》《文化育人，特色强校，引领学校内涵发展》等多篇文章在《中国教育报》等主流媒体上发表。

2. 编撰论著

反映区域特色学校建设的著述《行走在特色发展的路上——重庆市沙坪坝区整体推进特色学校建设的实践探索》于2010年10月由四川大学出版社出版，反映学校文化建设的著作《学校文化建构简论》于2011年11月由重庆大学出版社出版，反映学校特色课堂建设成果的专著《四商课堂——小学数学有效教学策略》于2011年12月由重庆出版社出版，反映三年实践研究成果的专著《区域推进义务教育内涵式均衡发展实践研究》于2012年11月由四川大学出版社出版，反映区域教师能力建设的专著《中小学教师能力建设区域推进研究——以重庆市沙坪坝区为例》将由人民教育出版社出版。

3. 开发工具

主要开发了两类工具：一是系统地开发出区域义务教育阶段内涵式均衡发展系列测查工具。如“中小学校本研修情况调查问卷”“义务教育阶段学校教学管理情况问卷调查”“中小学学科课堂教学模式调查表”“中小学课堂教学评价标准调查表”“教师课堂教学自我评价表”“课堂教学学生评价表”“课堂教学观察记录表”。二是研制评价量表。如“中小学教师课堂教学胜任力三维五柱诊断量表（试用）”“教学质量监控与评价量表”“区域性内涵式均衡发展评价量表”和“沙坪坝区中小学教师专业发展评价体系”等。

4. 研究报告

在调研的基础上形成了一系列调研报告。如《2010年沙坪坝“义务教育阶段学校课程设置、师资配置、校本研修现状”调研报告》《2010年沙坪坝义务教育阶段课堂教学现状调研报告》《2010年沙坪坝义务教育阶段学校教学管理科学化现状调研报告》《2012年沙坪坝义务教育阶段教师专业化调研报告》《2012年沙坪坝义务教育阶段课堂教学现状调研报告》《2012年沙坪坝义务教育阶段学校教学管理科学化现状调研报告》等。

5. 采纳建议

拟订的《沙坪坝区内涵发展式均衡发展三年规划（2009—2012）》主要内容

被区教委、区政府教育督导室《关于加大城乡教育统筹力度促进教育事业内涵发展的意见》采纳；制订的《沙坪坝区小学教学质量监控与评价方案》《沙坪坝区小学课堂教学规范》，通过区教委以文件形式下发；主要参与制订的《关于进一步推进全区中小学特色学校建设的方案》《沙坪坝区“特色学校”建设评估暂行标准》《沙坪坝区2010年特色学校建设工作计划》，成为引导学校特色发展的主要文件；总结提炼的沙坪坝区推进义务教育内涵式均衡发展的“14532”实践模式，被市督导评估专家建议向全市推广。

二、问题与讨论

问题与讨论部分一般放在研究成果之后。这部分存在的价值在于，经过一个研究周期，对研究过程中的诸多环节进行探讨。一般而言，问题与讨论可以从三个方面入手。第一，课题研究在目标制订和内容选择上做得如何，通过课题研究是否实现了开题阶段所设定的研究目标？第二，研究方法选择是否适当？这些研究方法是否具有科学性和可行性？第三，研究成果是否具有可靠性和一定程度的推广性？研究成果能否为同行进行同类研究提供参考？

对于教师成长课题而言，问题与讨论部分也是必不可少的。通过这部分的撰写，研究者有机会对课题研究的整个过程进行反思，从而发现研究中存在的不足。当然，问题与讨论的写作维度未必全部照搬上面三个方面所述，只要围绕本课题研究过程进行的反思，哪怕只有一条也可。以教师成长课题“初中学生作文教学策略研究”为例。

问题与讨论

（一）作文的情景营造和与生活的外延相连接的问题

作文作为一种极其私人的个人体验生活再现生活的方式，在作文教学中往往是靠情景再现和反刍达到目的的。对于善于观察生活体悟生活的学生而言是没有写作难度的，但是对于情感粗糙、不善于观察的学生而言则很有难度。因此，营造写作情景，将作文的外延和生活的外延连接起来就是极关键的，教师和学生亲历写作现场对学生实施指导是很有必要的。

（二）男生群体的作文针对性指导问题

在初中阶段，因为心理年龄的差距和对语言的敏感度问题，男生的作文水平普遍比女生要低，因此，针对这个群体要有更具针对性的激励策略和作文指导策略，使男生的作文水准达到和女生同等水平。

（三）使更多的老师参与到课题研究中来的问题

要使作文教学具有实效性和有效性，对语文教师的写作素养要求较高，教师具有写作体验，才能更好地指导学生。同时，作文花时多，见效慢，很多语文老师不肯在作文上下功夫。这些都是阻碍作文教学进一步纵深化的问题。因此，课题组需要更大面积地倡导教师写下水作文，并且倡导摒弃功利心，为了学生的长远发展而重视作文教学，使更多的老师能够参加到实验中来。

三、结论与建议

结论和建议一般作为研究报告正文的最后部分呈现，此部分的价值在于画龙点睛。有些研究者认为结论和建议部分可有可无，这是认识上的误区。从这几年教师成长课题的开展情况来看，很多研究报告中这部分也是缺失的。下面，我们分别对研究结论和建议的写作进行探讨。

（一）研究结论

对于广大教师而言，在撰写此部分过程中常常遇到的最大问题就是如何区分“研究结论”与“研究结果”两个概念。因此，我们认为很有必要对这两个概念进行分析。

从逻辑关系上讲，研究结果是研究结论形成的基础。研究结果是对研究中所收集的原始文献资料和观察资料、实验资料经过初步整理形成的材料，主要是一种事实判断。研究结论是在研究结果基础上的深化与提升，是对研究结果普适化的一种提炼，要告诉读者研究了什么问题、有什么结果、说明了什么问题，反映的是一种价值判断。

从语言表达方式上，研究结果基本上运用的是“提高了……”“改善了……”之类的句式，而研究结论基本上运用“……是……”的判断句式。

厘清这两点，有助于帮助我们区分研究结论和研究结果。以区级规划课题“小学低段阅读教学中语言训练的有效性研究”为例看一下研究结论的写作。

研究结论

（一）学习语言文字运用是语文课程的独当之任

“语文课程究竟是干什么的?”这一问题长期以来在学术界争论不休。我们在小学低段开展阅读教学语言训练有效性研究，通过逐级确定“一个学期——一个单元——一篇课文”的语言训练目标和训练内容，探索课堂教学中的语言训练形式和方法，把课程目标牢牢锁定在了语言训练上。教育部颁发的《义务教育语文课程标准》（2011年修订版）（以下简称《课标》）明确提出：“语文课程是一门学习语言文字运用的综合性、实践性课程。”前所未有地给语文课程下了一个明确定义。令人欣慰的是，我们的课题研究走在了《课标》的前面。相信参与我们课题研究的教师们，在今后实施《课标》的过程中，必将能更深刻地领会其基本精神，更顺利地解决语文课程“教什么”的问题，把语文教学工作做得更加扎实有效。

（二）定好语言训练目标，选准语言训练点，“教什么比怎么教更重要”

语文教科书中的每一篇课文，即使如一、二年级篇幅短小的课文，都包含着大量的字、词、句、段、标点等元素，从选字、用词、造句和布局谋篇等各个角度，都存在无数个可用作语言训练的“点”，以供教者任意发挥。正是从这个意义上来看，在语文教学中，“教什么”存在极大的不确定性。为避免进入教学的无序状态，要求教师在备课中，明确每一篇课文、每一个课时的语言训练目标，并在目标的指引下，选准语言训练点。教学中要紧扣预先选定的训练点，采用一定的形式和方法，引导学生经历适当的训练过程，从中获得感悟，发现规律，学以致用，逐步形成能力。基于此，我们组织课题组教师编写了《小学低段阅读教学语言训练手册》，一方面提高了课题组教师确定语言训练目标和训练点的自觉性和敏感度，另一方面也希望给本校和兄弟学校今后从事低段语文教学的同事、同行搞好低段阅读教学中的语言训练提供参考。

（三）在低段阅读课堂教学中进行语言训练，必须坚持以识字为重点

汉字是记录汉语的书写符号系统，是汉语书写的基本单元。学好汉字是学好汉语汉文的第一关。因此《课标》强调：“识字是1～2年级的教学重点。”《课标》进一步指出：“识字、写字是阅读和写作的基础，是第一学段的教学重点，也是贯穿整个义务教育阶段的重要教学内容。”在低段课文教学中进行语言训练，要防止自觉不自觉地拔高要求，弱化识字写字，而偏重句、段乃至篇章的教学。坚持以识字为重点，按照《课标》对第一学段所提出的“多认少写”原则，区分“会认字”与“会写字”的不同要求。对要求会写的字，引导学生切实做到会读、会写，了解字词在语言环境中的意思，逐步做到能在口头和书面表达中运用。也就是说，将语言训练的重点放在要求会写的字上。

（四）在低段阅读课堂教学中进行语言训练，应该以口头语言训练为主

口头为语，书面为文。完整的语言训练理当包括口头语言和书面语言训练两个方面。但是，由于低段教学的重点在识字、写字，由于学生识字量尤其是会写字的量很有限，因此，在小学低段阅读课堂教学中进行语言训练，应该以口头语言训练为主。“听一听”“说一说”，是小学低段阅读课堂教学语言训练最主要的形式。培养学生良好的倾听习惯和初步的口头表达能力，是小学低段阅读课堂教学语言训练最主要的目的。听和说的机会，在课堂教学中可以说是无处不在的。但有无明确的训练意识和恰当的训练方法，则是关系到学生口语发展的重要因素。当然，从一年级下学期开始，教师就可以有意识地进行一些写话训练了。进入二年级以后，写话训练的频度逐步增加。只要训练得法，学生到二年级下学期，写话的能力就很可观了。自然，这就给学生进入三年级以后的起步作文打下了扎实的基础。

（五）“一课一得，得得相连”，是提高低段语言训练有效性的关键所在

近几年，我国语文教学逐步走出了“模模糊糊一大片”的泥沼，“一课一得”受到普遍重视。这当然是语文教学的一大进步。然而我们在研究中越来越深刻地意识到，语言训练仅有“一课一得”是不够的，还必须做到“得得相连”，让学生在一节课一节课、一周一周、一月一月、一学期一学期的训练中所获得的语言知识和技能呈螺旋上升状态，才不至于前后简单重复或者跳跃性过强，而缺乏内在的逻辑关联。这实际上对我们的备课提出了更高的要求，即必须具有宽广的视野和发展眼光，不仅要有“短安排”，更要有“长计划”，明确哪个知识点在什么时候训练过，学生在知识上已经达到了怎样的深度和广度；哪个知识点将在什么时候会在更高的起点上再次进行训练，现在必须为下一次的训练打下怎样的基础。而这，就是我们组织编写《语言训练手册》的基本出发点。实践证明，我们的思路是正确的。

（二）建议

建议部分主要是研究者根据研究结果提出建设性意见。建议既可以是针对同行的同类研究而言，也可以是针对教育主管部门的决策而言，还可以针对自身的深化研究而言。课题类别不同，研究主题不同，撰写建议的维度也各不相同。在此，仅以“区域性推进义务教育内涵式的实践研究”中的建议部分为例来看一下建议的撰写。

建议

（一）切实推进区域教育管理转型

区域推进义务教育内涵式均衡发展，必须加快区域教育管理转型。这种转型，主要包括三个方面。第一，行政管理转型。教育行政部门要切实履行统筹规划、政策引导、监督管理、提供服务的职责，综合运用经费使用、规划发展、信息服务、政策指导、执法监督等措施，引导学校内涵式发展；减少对学校的单项检查与评比活动，逐步建立与完善对学校各类检查、评比的归类管理制度，确保学校依法自主办学；主动搭建平台，促进学校之间的联系与协作。第二，教育督导转型。教育督导部门要以促进区域义务教育内涵式均衡发展为切入点，通过创新督导评估，为学校主动发展和自主发展创造条件，激发每一所学校不断提升办学水平的内动力，努力缩小学校间管理水平和教学质量的差距，化解人民群众对优质教育的需求与优质教育资源不足的矛盾。同时，摸清全区学校办学情况的准确信息，为教育行政部门和区政府统筹调配教育资源、调整学校布局结构、改进招生政策以及改革学校人事制度提供依据和建议。第三，业务管理转型。教育研修机构要创新工作方式，在科研、教研、培训等方面寻求突破。在科研方面，依靠重大项目和课题，引领区域教育走内涵式均衡发展之路，为区域教育发展建言献策。同时，创新科研形式，降低科研门槛，让最广大的教师参与到教育科学研究中来，通过研究解决教育教学中的问题。教研方面，下沉重心，深入学校和课堂，特别是薄弱学校和农村学校，帮助学校和教师发现问题和解决问题。在培训方面，做好培训需求调研工作，开展分类分层分岗培训，优化培训课程，开展菜单式、参与式、体验式、互动式培训，助推教师专业发展。

（二）充分激发学校发展主体自觉

区域推进义务教育内涵式均衡发展，必须充分发挥学校主体作用。学校要实现主体文化自觉，需要关注以下三个重点。第一，始终坚持特色发展道路。学校需要增强特色发展意识，明确争创目标，落实创建措施，并挖掘资源优势，聚焦办学传统，打造优势项目，不断放大优势项目核心元素的效应，以局部突破带动整体提高，从而努力形成办学特色，铸就学校品牌。第二，加快建设现代学校制度。学校要深刻理解建设现代学校制度的重大意义，紧密结合办学理念系统，系统构建“教师为本”的管理制度，不断优化管理和运行机制，主动推动学校依法治校进程。第三，主动增强主体文化自觉。学校要坚持以“促进每一个学生的主动健康发展”作为核心理念统领全体干部和教师的管理观、教学观、学生观、评价观和质量观，积极转变学校管理方式和教师教学行为，引导教师主动发展专业知识、专业能力和专业情意，从而实现从他律走向自律。

（三）加快完善内涵式均衡发展评价体系

区域推进义务教育内涵式均衡发展，需要充分考虑工作的系统性、复杂性和长期性。发挥好区域教育评价的应有功能，需要切实做好三项工作。第一，加快优化教育评价机制。目前，区域教育督导部门、教学质量监控部门和教学质量评估部门一般处于分设状态，各自的职能职责和相互关系不够明晰。需要根据区域内涵式均衡发展的需要，由区教育行政部门统筹，区政府教育督导部门牵头，其余各部门配合，明确职责，理顺关系，形成合力。第二，科学构建评价体系。要加快构建以“内涵”和“均衡”为重点的区域内涵式均衡发展评价体系，明确各利益主体的内涵发展目标任务，引导各方尤其是学校树立科学的发展观和正确的质量观，用动态的观点、多样化的视角增强办学效益，提高办学质量。第三，切实加大评价力度。内涵式均衡发展评价是一个持续不断的过程，在工作中应采取延伸评价工作链条的办法，需要实施“评前调研—评中诊断—评后改进”的“全程式评价”，确保区校两级内涵发展三年规划的科学编制和有效实施，促进区域义务教育又好又快地发展。

附录一 “教师成长课题”实施规程

沙坪坝区教育科学规划中小学“教师成长课题”实施规程

（试 用）

各中小学（含私立）、立信职教中心、区教师进修学院：

为了更好地树立并贯彻“科研促教”“向科研要质量”“科研是促进教师发展的捷径”等观念；为了进一步放大教育科研提升软实力的附加值，立足学校教育教学实际，广泛开展田野研究，引领教育科研进学科、进课堂，有效解决教育教学中的小、真、新等问题；为了丰富和完善我区教育科研的形态及内涵，经区教育科学规划办研究，拟通过“教师成长课题”的启动，激活中青年教师的科研热情，提升全区中小学中青年教师的教育教学研究能力，催生一批学习型教师、研究型教师等科研骨干。特制定《沙坪坝区教育科学规划中小学“教师成长课题”实施规程》（以下简称《规程》）。

一、课题申报

（一）申报人条件

1. 凡属我区中小学校（含私立）在职教育工作者，中学二级教师职称及其以上、小学一级教师职称及其以上、未评职称但具有研究生学历的教师均可申报。

2. 申请人一次只能申报一个课题，即一人一题。

3. 申报人需完成课题研究任务，才能申报第二年度的同类课题。

（二）选题要求

申报人应注意检索2011年以来我区教育科学规划中小学“教师成长课题”的选题项目，避免重复选题。

申报选题应立足学科，聚焦课堂，关注教育教学改革的热点、难点、疑点，关注对提升教育教学质量具有研究价值的问题，关注有利于提升自身专业素质的问题，选题做到真、小、实、新。

（三）研究团队

申报人组织研究团队合作完成，一个团队成员不得少于3人，不得超过5人（含5人）。

（四）研究周期及任务

完成周期一般为1年或2年。

3月，申报；

5月，立项；

6月，完善研究方案，制订研究计划；

9月至次年5月，研究阶段（两年周期课题，顺延一年）；

5月，申报人撰写结题报告，自评得分，申请结题；

6月，课题成果鉴定，报送初审结果；

7月，课题成果复审；

9月，下发结题文件，颁发结题证书；

10月，组织成果申报。

（五）申报程序

1. 学习《规程》。

2. 填写课题申报书。

申报人认真填写“沙坪坝区教育科学规划中小学‘教师成长课题’申报书”，一式2份。

3. 课题立项评审。

初评：由申报人所在学校科研处（室）组织初评。主要审查课题申报人在学校的信誉度和申报人是否有完成此课题的能力，并签署初评意见后，报送区教育科学规划办公室。

评审：由区教育科学规划办公室组织相关人员对初审课题进行评审，主要评审课题的研究条件及可行度；对课题申报人进行课题管理及研究方法、策略培训。

立项：申报人对申报课题（书）修改完善后报所在学校审批备案，最后以学校为单位，将申报课题汇总后，上报区教育科学规划办公室，经区教育规划领导小组审核，区教科所下发正式的课题立项文件，批准立项。

二、申报要求

1. 各学校要切实加强对课题申报工作的组织和指导，要严格把关，提高申报质量。

2. 申报方式：以学校为单位集中统一申报。

3. 上报材料：

申报人个人材料、申报书一式两份（纸质稿）。

学校填写“沙坪坝区教育科学规划中小学‘教师成长课题’申报汇总表”。以电子表形式发送到：区教委OA网教师进修学院科研中心。

4. 申报时间：每年3月中旬。

5. 地点：区教师进修学院科研中心。

三、课题管理

“教师成长课题”实行“三主”管理原则，即课题申报人主研、学校主管、科研中心主导。主要委托学校进行全程管理。

（一）开题

1. 各中小学校教科室组织集体开题会。

开题时间：课题立项文件下发后，9月底前各学校需完成开题。

开题会议程：区教师进修学院科研中心或学校科研室宣读立项文件，课题主持人陈述开题报告，学校科研室组织专业人员指导论证，课题主持人表态，学校领导讲话。

2. 完善方案：开题会后，各课题组将完善课题研究方案，制定切实可行的研究计划。

3. 信息报送：学校教科室将开题活动情况以简报形式，配照片1～2张，报送至区进修学院科研中心。

（二）过程

1. 课题组要按照研究方案、研究计划开展研究工作，把研究纳入日常教育教学活动中，使用好《沙坪坝区教育科学规划中小学“教师成长课题”管理手册》，让研究工作常态化。

2. 学校教科室要营造科研氛围，组织学习交流，引导课题研究团队，真行动、真研究。加强对课题研究工作的过程指导与管理，提高研究的质量。

3. 区科研中心，发挥专业引领作用，组织相关人员对课题进行过程督导，发现典型经验，做好宣传推广。对检查结果纳入学校教育科研先进个人、先进集体评选参考指标。

4. 信息报送：学校教科室将研究活动情况以简报形式，配照片1～2张，报送至区进修学院科研中心。一题一个研究周期（学期），至少报送两次活动简讯。

（三）结题

各中小学校教科室组织成果初评，区教育科学规划办公室组织复审。

1. 结题时间及结题会议程：

（1）结题时间：

5月，各课题组进行自查自评，向学校教科室提出结题申请。

6月20日（截止），各学校完成课题成果初评。

6月25日（截止），各学校将课题初评结果报送区教育科学规划办公室。

（2）结题会议程：

①区教师进修学院科研中心或学校科研室介绍评审组成员。

②各课题组主持人宣读结题报告。

③评审组质疑，课题组答辩。

④评审组查阅资料，评议。

⑤评审组宣读评审结果。

⑥各课题组主持人表态。

⑦学校领导讲话。

2. 结题程序。

（1）申请结题。

各课题组撰写好结题报告，根据《沙坪坝区教育科学规划中小学‘教师成长课题’结题标准及操作方法》自评出得分，并填写“沙坪坝区教育科学规划中小学‘教师成长课题’成果评审报告书”，交学校教科室申请结题。

（2）学校初评。

学校教科室根据各课题组提交的结题报告、自评得分、成果评审报告书，组织召开结题评审会，组织相关人员进行成果鉴定。

学校教科室将各课题成果鉴定情况填写在“沙坪坝区教育科学规划中小学‘教师成长课题’结题汇总表”上，备好各课题的评审报告书（复印件）。

汇总表一份加盖学校公章，各课题评审报告书（复印件）报送区教育科学规划办公室（汇总表的电子表格传送至教委OA网教师进修学院科研中心）。

（3）区规划办公室复评。

区教育科学规划办组织相关人员对各课题进行复评。

各课题组应备好课题相关资料：课题申报书、课题研究方案、课题结题报告（研究报告）、发表的课题论文、典型案例（研究故事）、获奖证书、《管理手册》等课题成果、过程资料，接受复评时专家组成员的咨询。

3. 颁发结题证书：课题成果复评后，经区教育科学规划领导小组审批，区教科所下发正式的课题结题文件，同意结题，给结题课题颁发结题证书。

4. 信息报送：学校教科室将结题活动情况以简报形式，配照片1～2张，报送至区进修学院科研中心。截止时间：6月25日。

五、成果待遇

此类课题与区教育科学规划课题享受同等待遇。

沙坪坝区教育科学规划办公室
2013年5月

附录二　“教师成长课题”管理手册

沙坪坝区教育科学规划中小学“教师成长课题”管理手册

课题名称____________________

课题负责人____________________

所在单位____________________

沙坪坝区教育科学规划办编制

2013 年 5 月

目　录

学习笔记（五）

课题研究阶段总结、阶段报告

沙坪坝区教育科学规划中小学“教师成长课题”成果评审报告书（2013年版）

沙坪坝区教育科学规划中小学“教师成长课题”申报书

申报人姓名		性别		年龄		教龄	
任职学校		任教学科		职称		联系电话	
近三年取得的教育教学成果							
申报课题名称							
研究团队成员	姓名	性别	年龄	教龄	学科	职称	主要研究任务
选题缘由（300～500字，尤其要突出问题）							
课题界定							
现状述评（查阅同类研究观点、内容，策略）							

续表

研究目标内容	
研究方法	
研究步骤	
预期成果	
学校初审意见	单位（盖章） 年　　月　　日
区教育科学规划办公室评审意见	单位（盖章） 年　　月　　日
区教育科学规划办领导小组意见	单位（盖章） 年　　月　　日

课题研究计划（一）

时间：　　年　　月　　日—　　年　　月　　日

问题分析	
研究目标内容	
研究方法措施	
预期成果	

课题研究计划（二）

时间：　　年　　月　　日—　　年　　月　　日

问题分析	
研究目标内容	
研究方法措施	
预期成果	

课题研究活动记录（一）

时间		地点	
主持人		记录人	
课题团队成员			
研究问题（对应研究目标）			
研究方法与形式			
研究过程记录			
研究结果整理（反映取得的成果、达成的共识、存在的问题）			

课题研究活动记录（二）

<table>
<tr><td>时间</td><td></td><td>地点</td><td></td></tr>
<tr><td>主持人</td><td></td><td>记录人</td><td></td></tr>
<tr><td>课题团队成员</td><td colspan="3"></td></tr>
<tr><td>研究问题（对应研究目标）</td><td colspan="3"></td></tr>
<tr><td>研究方法与形式</td><td colspan="3"></td></tr>
<tr><td>研究过程记录</td><td colspan="3"></td></tr>
<tr><td>研究结果整理（反映取得的成果、达成的共识、存在的问题）</td><td colspan="3"></td></tr>
</table>

课题研究活动记录（三）

时间		地点	
主持人		记录人	
课题团队成员			
研究问题（对应研究目标）			
研究方法与形式			
研究过程记录			
研究结果整理（反映取得的成果、达成的共识、存在的问题）			

课题研究活动记录（四）

时间		地点	
主持人		记录人	
课题团队成员			
研究问题（对应研究目标）			
研究方法与形式			
研究过程记录			
研究结果整理（反映取得的成果、达成的共识、存在的问题）			

课题研究活动记录（五）

时间		地点	
主持人		记录人	
课题团队成员			
研究问题（对应研究目标）			
研究方法与形式			
研究过程记录			
研究结果整理（反映取得的成果、达成的共识、存在的问题）			

课题研究活动记录（六）

时间		地点	
主持人		记录人	
课题团队成员			
研究问题（对应研究目标）			
研究方法与形式			
研究过程记录			
研究结果整理（反映取得的成果、达成的共识、存在的问题）			

课题研究活动记录（七）

时间		地点	
主持人		记录人	
课题团队成员			
研究问题（对应研究目标）			
研究方法与形式			
研究过程记录			
研究结果整理（反映取得的成果、达成的共识、存在的问题）			

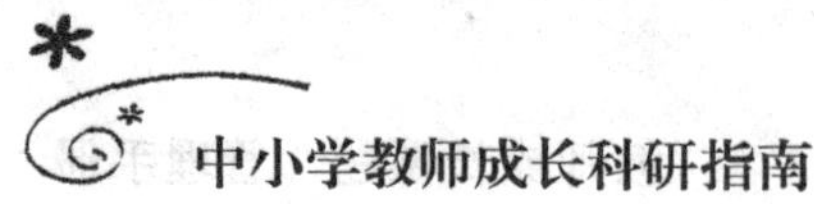

课题研究活动记录（八）

时间		地点	
主持人		记录人	
课题团队成员			
研究问题（对应研究目标）			
研究方法与形式			
研究过程记录			
研究结果整理（反映取得的成果、达成的共识、存在的问题）			

学习笔记（一）

学习笔记（二）

学习笔记（三）

学习笔记（四）

学习笔记（五）

课题研究阶段总结、阶段报告

实验教师________ 任教年级________ 学科________ 时间________

沙坪坝区教育科学规划中小学“教师成长课题”成果评审报告书（2013年版）

<table>
<tr><td>课题名称</td><td colspan="4"></td></tr>
<tr><td rowspan="3">课题批准号（填写立项文件批号、课题编号）</td><td rowspan="3"></td><td>评审</td><td>得分</td><td>等级</td></tr>
<tr><td>自评</td><td></td><td></td></tr>
<tr><td>学校评审组</td><td></td><td></td></tr>
<tr><td>课题负责人</td><td colspan="4"></td></tr>
<tr><td>课题团队成员</td><td colspan="4"></td></tr>
<tr><td>结题方式</td><td colspan="4">A. 通讯结题（ ） B. 会议结题（ ）</td></tr>
<tr><td>课题组自评意见
（不少于500字）</td><td colspan="4">课题负责人签字：
年 月 日</td></tr>
</table>

续表

课题名称	
课题承担单位意见	评审组组长签字： 评审组成员签字： 年　月　日
区教育科学规划办公室 评审意见	

沙坪坝区教育科学规划办公室　制

附件1：

沙坪坝区教育科学规划中小学“教师成长课题”研究方案

（此处粘贴个人成长课题的具体方案）

附件 2：

课题研究典型材料

包含：课题研究教学设计、课题研究案例、故事、课题研究课例、反思（每期五份）、个案。

备注：请老师平时注意收集整理课题研究典型材料，附在手册后面。

附件3：

沙坪坝区教育科学规划中小学“教师成长课题”结题标准及操作方法（试用）

一、结题标准

考察项目	操作办法	基础分	加分
过程管理（50分）	使用好“管理手册”，记录完整	2	3分对管理手册结合实际加以丰富，有实用性
	“研究活动记载”不少于8次，否则视为不合格	8	6分（每超出1次加2分）
	与研讨活动记载对应的可观察过程性资料（不少于8次） 每次研讨活动，应附有具体活动材料（包括研讨活动实施方案、学习文章或学习笔记、课题研究课教案、研讨记录、反思、活动简报原始资料等）	8	6分（每超出一次研讨活动的加2分）
	有“结题报告”或研究论文	6	3分（成果用“结题报告”形式呈现的得满分，质量高的适当加分）
	课题组在研究期间参加学校科研室组织的交流活动至少4次，作专题汇报至少2次	6	2分（在区级交流一次加2分）
研究质量（30分）	每次活动效果好，研究具有实效。及时整理、梳理研讨材料（研讨活动实施方案具有可行性；课题研究课教案设计体现课题性；互助评价意见，研究个人反思，调查研究分析材料等具有针对性；研讨活动专题总结，等等）	18	6分（每超出一次加2分）
			6分（课题组有一份阶段性总结加分）

续表

考察项目	操作办法	基础分	加分
成果反映（20分）	“成果性资料”研教相长。课堂效果好，教学质量好。完成结题报告，结构完整，规范“研究报告”中的“研究成效”部分需要阐述三方面的内容： 一是认识成果，即在研究过程中，研究者获得了哪些新的认识、丰富了哪些观点、对这个问题的感悟与思考等 二是操作技术成果，即在问题解决过程中所形成的操作技术、路径、模式、方法等，表达清晰，用自己的语言总结提炼 三是效果，这些问题的解决改善了自身教学行为，促进了课堂教学效益和质量的提升、学生进步等。必须是原创，不得剽窃他人成果	12	赛课方面：校内赛课获一等奖加1分，学区赛课出线加1.5分，区内赛课获奖加2分（不累计加分） 交流展示：在区课题成果展示活动中执教公开课或介绍课题研究经验一加2分 论文获奖或发表：课题主研有论文获奖或发表（提供成果、获奖证书）。获奖成果一等奖每篇2分（其余等级按0.5分递减），公开发表每篇4分 备注：1. 以上成果均要体现课题研究思想； 2. 上述成果只要不是同一内容所得分数可以累加，8分封顶
合计（100分）		60	40

二、结题评审等级

评审结论分为四种：优秀、良好、合格、不合格。

评审等级	对应分值	备注
优秀	85分	1. 获得良好以上等级的课题有资格参加“教师成长课题优秀成果”的评奖 2. 对没有完成研究任务的课题不予结题，分数线定在59分以下
良好	70分	
合格	60分	
不合格	59分（含59分）以下	

三、结题评审办法

按照《沙坪坝区教育科学规划中小学“教师成长课题”实施规程》开展结题评审工作。

四、成果评选材料规范

1. 内容及顺序（从上到下）

（1）封面。

（2）目录。

（3）沙坪坝区中小学“教师成长课题”成果评审报告书（复印件）

（4）结题证书（复印件）。

(5) 结题报告（或研究报告或课题研究专题论文）。

(6) 公开发表的论文复印件或经验交流材料复印件，上研究课或赛课获奖的获奖证书复印件。

(7) 研究效果证明资料（注意要有典型性）。

(8) 封底。

2. 制作要求

(1) 材料纸张大小一律为 A4 纸。

(2) 结题评审材料内容按从上到下的顺序装订成册，制作一式 1 份。

(3) 封面、封底一律用木纹纸，不添加底纹图案、不塑封、不加封皮，不使用书夹或其他外壳包装。

(4) 结题评审材料一律采用胶装方式进行装订。

3. 结题报告结构

(1) 标题。

(2) 研究背景。

(3) 研究依据（理论、政策、现实）。

(4) 课题界定（界定核心概念）。

(5) 研究目标与内容。

(6) 研究方法与过程。

(7) 研究成果（对应研究目标内容写）。

(8) 研究效果（课题研究取得的实际结果。观念，课堂，质量，师生成长等）。

(9) 问题与讨论。

(10) 参考文献。

4. 封面样式

(1) 字体：宋体、加粗、居中；字号：根据版面选择，以美观大方为原则。

(2) 文字内容：

课题批准号：沙研所（ ）字第（ ）号______编号 学（ ）（ ）

沙坪坝区教育科学规划中小学“教师成长课题”

“××××××”（课题名称）

结题评审材料

课题负责人：______________________

主研人员：______________________

课题负责人单位：______________________

报送时间：______ 年 月 日

附录三　“教师成长课题”案例分享

“义务教育阶段英语语法课教学目标细化与课堂实施研究”研究案例

唐　羿

重庆七中

一、问题的提出

作为一名初中英语教师，在实际的英语教学中，我们不难发现通过三年的英语学习，许多学生掌握了一定的听说读写技能，能够在一定语境中用英语进行交际。但同时，我们也发现学生的语法基础知识薄弱。例如：许多学生至今没有掌握英语中的基本句型，不了解什么是名词、形容词、代词等，不知道什么叫主语、谓语、宾语、补语、状语、定语等，不明白时态和语态的使用方法，特别是在作文中，写不出流畅、地道的句子。

二、问题的原因

为什么会出现这种状况？我认为首先是我们的教材以意念功能为纲，课本里语法现象分散，即使有些相对集中，但也不系统，而语法配套练习题又相对少且简单。在实际的教学中，由于交际法的推广和深入，教师急切希望让学生能对话交流，而将语法教学摆在次要地位。公开课上，也很少有老师敢于上语法专题课，有关外语教学理论和实践方面的言论触及“淡化语法”的也很多，认为语法教学非常枯燥，会减弱学生对英语学习的兴趣，会使学生产生厌学情绪。因此有的老师不教语法，或在课堂中淡化语法教学；有的教师即使教了语法，也没有引导学生观察语言结构、归纳语法规律，只是要求学生一味地进行机械模仿练习。表面上学生通过练习能较流畅地表达，但学生并没有真正理解掌握语法知识，在实际交际中不能准确得体地进行英语口头表达，也写不出完整的句子，难以实现语言高质量的输出。

三、教学对策

《九年义务教育英语课程标准（2011 年版）》指出：英语课程改革的重点是要改变英语课程中过分重视语法和词汇知识的讲解与传授，忽视对学生实际语言运用能力的培养的倾向，强调教师要创设有意义的语境，为学生学习、实践和运用英语创造条件。新版课标的颁布，为我们实施英语语法教学指明了方向：要求英语教师在教学过程中巧妙创设语境，运用各种教学方法和手段，吸引学生积极参与、思考、讨论、交流和合作，在更高层次上进行语用的、有意义的语法教学。常用的教学方法主要有：

（一）用情景法讲语法

有不少语法可设置情景进行教学。把动作、语言、环境结合起来，把学生引入情景中，既吸引了学生的注意力，也增加了他们的参与机会，调动了他们学习的积极性，从而避免了以前单纯讲解语法时出现的学生难学、老师难教的枯燥尴尬局面。

（二）用情景法练句型

呈现句型的方法多样，可以利用情景、动作，让学生把听到的声音、看到的情景一起印入脑海，这样印象比较深刻。

（三）语法教学与综合技能的训练相结合

我们要将语法教学与阅读、听力、口语和写作等方面的训练结合起来，将语法自然地融合渗透其中，从而进一步促进学生的阅读、听力、口语和写作能力的发展。教师可以设计合适的话题，创设性地使用和编排教材资料，使语法活动和听、说、读、写结合起来。

四、教学案例：讲授一般过去时

Step 1. **听歌填词**

课前教师放一首歌曲：*Yesterday Once more*. 激起学生的兴趣，并引导学生听歌填出歌词：

Yesterday once more

When I ________ young, I'd listen to the radio, waiting for my favorite songs.

When they ________ I'd sing along, it ________ me smile.

Those ________ such happy times and not so long ago, how I wonder where they'd gone.

But they're back again just like a long lost ________, all the songs I love so well…

这些所填词除去最后一个 friend 以外，其他都是动词的过去形式。

Step 2. **做游戏**

通过小组间的竞争游戏，以抢答的形式让学生在游戏中进一步强化一般过去时态中的易错点和易考点，并为谈论名人过去的经历等做好铺垫。

Step 3. **听力训练——巩固层次的任务**

通过让学生欣赏一段京剧引出梅兰芳，通过听梅兰芳的生平故事，输入描写名人的句子（用过去时描述），并了解梅兰芳作为中国戏曲音乐艺术家伟大的一生。

Step 4. **阅读训练——巩固层次的任务**

学生在欣赏《月光奏鸣曲》中阅读贝多芬的生平故事，进一步熟悉描写人物的句子和过去时态，并领悟到贝多芬在双耳失聪后敢于向命运抗争、不屈服的坚强人生。

Step 5. **写作训练**

在进行了大量输入的基础上，老师介绍写作技巧，然后学生独立完成关于中国民族歌唱家宋祖英的艺术经历的写作练习，学会描写人物传记这一中考话题，提醒学生运用三人称和过去时描述名人经历。

通过对以上名人的材料阅读和人物分析，学生们可学到努力、向上、顽强、友爱等优秀的做人品质。同学们通过本堂课的小组互助学习，也谱写了属于自己的音乐。

We learn from the past.
We learn from the famous people.
And we will try to do better in the future!

学生在音乐声中上完整节语法课，整堂课始终坚持在语境和综合运用中进行一般过去时的语法知识训练，从而培养了学生的综合运用能力与合作精神。

在本案例中，我通过创设真实情景让学生自己体会和感悟过去时的结构和用法，体现“在学中用，在用中学”的精神，让英语语法教学变得生活化、生动化，从而提高语法教学的实效性。

总之，针对不同的教学内容和教学对象，教师可以采用不同的语法教学模式和教学方法，只要我们以学生为本，即以学生的兴趣、学生的参与度以及学生综合运用语言能力的发展为考量，我们就会在语法教学的传统教学模式和新课改理念下闯出一条更适合学生学情的路子，为语法教学带来新的生机！

如何让“教师成长课题”研究落地生根

左思路
回龙坝中学

2011年，沙坪坝区教师进修学院科研中心为教师专业成长搭建了“教师成长课题”这一研修平台，拉开了全区中小学教师“田野研究”和“草根研究”的序幕。之后，学校的成长科研如火如荼地开展起来，成为学校教师实现从“教书匠”到“科研型教师”转型的一条重要途径。

一、问题提出

课题研究一直以来被一些教师认为假大空，存在虚假繁荣的现象；学校教师把研究与教学对立起来，把科研与教学做成了两张“皮”。课题的开展流于形式，走马观花，应付检查多；课题研究重两头轻过程。因此，如何让“教师成长课题”的研究落地生根进而产生实效成为学校管理的一项课题。

二、问题分析

之所以产生上述问题，主要原因有：一是学校管理不到位，存在制度上的缺陷，对课题从立项到结题整个过程缺乏必要管理。二是对课题研究的认识偏颇，功利性太强，把课题研究当作是面对各种考核的“加分”器。势必造成承担的课题越多越好，级别越高越好，把课题研究与教学实际完全隔离开来。三是课题负责人及其研究团体缺乏科学严谨的态度和方法。在工作中产生了浮夸之风，加之方法不当，课题研究就很难落到实处。

三、问题解决

（一）制度引领促成效

“没有规矩，不成方圆。”制度是我们进行课题工作开展的有效保障，是教师成长课题开展的底线。如果没有这一底线，效果就无法保证。为了促进我校“教师成长课题”的有效开展，我校在课题管理方面建立了以下制度。

1. 课题组组长负责制度

课题研究实行组长负责制。各课题组组长要团结课题组成员，群策群力，扎实地开展课题研究。在发挥集体智慧的基础上，撰写研究方案，填写课题申报表，设计阶段性研究计划和落实措施，总结阶段性研究情况，撰写课题研究报告，完成申请结题材料，等等。

2. 理论学习制度

实践研究离不开科学理论的指导。课题组组长要积极组织好课题组成员进行科研理论方法的学习和交流活动。课题组要分期、分阶段部署与课题有关的学习内容，并做好学习过程记录。在学习交流的过程中不断总结反思和提炼，为我所用。

3. 汇报、交流制度

课题研究形成的阶段性成果，各课题负责人要及时向教科室汇报，提供相关复印件（集体类获奖证书等原件交教科室统一保管）。

各课题组每学期要进行一次中期汇报。介绍课题研究的执行情况、遇到的困惑及下一阶段计划。

每学期末，各课题负责人要进行阶段性总结，形成阶段性研究报告，并在全校进行交流与展示。

4. 检查考核奖励制度

学校教科室定期对各课题的实施情况进行检查，内容包括计划与小结，课题任务的阶段完成情况和取得的成效。学校根据检查的情况评定出等级，然后根据等级给予适当的物质奖励，并作为教师评优、评先、加分的重要指标依据。

（二）培训指导见成效

农村教师在课题研究方面有强烈的愿望，希望通过课题研究实现从“教书匠”到“科研型”教师的转变。然而由于方法不得要领，往往事倍功半。因此，加强对课题研究的指导显得尤为迫切。在课题的选题方面、在课题文献资料的查询整理方面、在课题概念的界定与目标的表述方面、在课题研究方法的应用和课题成果的提炼方面都值得加强培训和学习。参与课题研究的人员只有懂得了课题研究与操作的基本规范，课题才可能见成效。

（三）成果展示显成效

“是骡子是马，拉出来遛遛。”假的真不了，真的假不了。我校对“教师成长课题”的管理立足于过程，立足于成果的展评。学校坚持每期课题成果交流与汇报，通过课题负责人的交流汇报促进过程扎实有效的开展，杜绝课题开展的假大空与虚假繁荣的假象。把课题研究做实做好，让课题研究落地生根！

如何帮助学生作文书写美观

张艳琳
重庆69中

一、问题呈现：学生书写现状实在堪忧

笔者任教一所普通中学。初改七年级新生作文，惊讶全班38人中书写较工整易认的仅有14人，而狂草难认的居然达10人，其中4人还不会正确使用标点符号，不知标号应单独占空，不知句号应空心。作文格式不对的也达三分之一，问题集中在：题目未居正中，题目加书名号；不会正确分段，甚至全文仅一两个段落；不知每段开头应该空两格。

二、原因分析：家校重视、督查实在不力

小学三年级就开始正式学习作文，真不知孩子的小学老师面对如此作文书写是怎样的心情，是熟视无睹还是无可奈何？也许是电脑的普及，重要文稿皆打印造成老师不重视书写吧？或许是现在小升初免试就近入学后，小学老师放松了孩子的写字教学吗？反正现在七年级新生的书写水平的确是江河日下，让人不忍细睹。

粗略统计全班，超四分之三的家长没有稳定职业，属于个体户和临时打工族；近三分之二的家长为初中、小学文化程度。家长文化素质整体不高，对孩子的书写肯定大多不够重视，即使重视也可能心有余而力不足，不知如何辅导、督促孩子练好字。

三、应对措施：辅导循序渐进，追求实效

（一）积极动员，思想上高度重视

要引经据典反复向学生讲明书写美观的重要性。如笔画清晰，能让他人轻松阅读，不故意制造交流的障碍；字如其人，工整的书写能让他人在阅读中产生审美愉悦感，从而喜爱、欣赏你，给你提供成功的机会；虽然现在盛行打印稿，但必要时也需亲笔写信签名，这样会给人亲切、庄重感；“字是人的脸面”，一手潇洒漂亮的字犹如一张高素质的第二脸孔，可能会为你赢来获奖的机会，可能会在交友、求职时获得意料不到的好处……远的且不说，就是目前在大大小小的考试中也有可能会因卷面工整而每科多得几分，特别是作文，多得三五分更是有可能的。

（二）正确定位，目标为工整易认

“写字”是工具的、实用的，“书法”是欣赏的、艺术的。写字教学是教学生如何辨识并写端正的汉字，书法教育是教人们如何欣赏和创造艺术的美。针对班上书写现状，应定位于“写字”教学，从楷书入手，先楷后行，目标是：把字写工整，让人易辨认。

（三）分步实施，辅导中循序渐进

“宝剑锋从磨砺出，梅花香自苦寒来。”练好字需坚持不懈、刻苦努力；心急吃不得热豆腐，练好字需循序渐进、逐步提升。首先要培养正确的坐姿、写姿。坐姿，强调桌椅的高度要适合，要肩平背直，两臂平放桌上，眼睛与练习本的距离为30～35厘米，胸部与桌子的距离为6～8厘米（大约一拳的距离）；写姿，提倡采用“苏东坡执笔法”，就是指侧用力，类似毛笔的执笔法，握笔点离笔尖3～4厘米。

练书法要先临后摹，先字后篇，过程要分步骤实施：

（1）先进行五种基本笔画及其衍生笔画的练习；

（2）再进行189个偏旁部首和350个基本字的练习；

（3）再对同一个汉字进行放大和缩小两种方式的交替练习；

（4）然后进行长短行排列练习，力求做到每个字大小一致、间隔相称；

（5）最后进行篇章布局的整体训练。

（四）认真督促，督练中不可懈怠

明确规定：用钢笔书写正楷字，每天一页，写字内容可以是语文每课的生字词，也可以是自己搜集的美词佳句。老师要每天及时批改，并标上“A+”“A－”“B+”“B－”，这分别代表美观、较好、尚可、不好四个等级。得“A+”的，要大力表扬，树为楷模，倡导大家效仿；得“B－”的，则需重写，不过重写之前，老师要进行个别辅导。

督练是一个漫长的过程，学生练字的实效关键在于老师能否常抓不懈。

（五）小组合作，竞赛中提升兴趣

为激发同学们的练字兴趣、培养顽强的意志，也为增加进步的自豪感，可以开展小组竞赛，看哪一个小组最先全组获A级。一个小组里，不可能全是“乖孩子”，其中不乏爱偷懒、想偷工减料的学生，他们甚至有请人代写的耍滑行为，故竞赛中要倡导组内互相帮助、互相促进，组间互相监督、互相竞争。

竞赛活动可以多样，如：

赛故事。可讲书法家的趣闻轶事，如王羲之爱鹅、板桥体的由来、怀素练穿盘板等；也可讲身边人因书写好获奖受益、书写不好闹笑话酿苦果的故事。

赛进步。每天评比各组得“A+”“A－”的份数，并各奖一分，纳入小组每周的竞赛计分；评比各组，看哪组最先消灭“B−”，督促优生帮助差生，差生要增强自觉性。

定时书法大赛。在规定时间内抄写规定内容，看谁写得又快又好。赛后，全班大排名，优秀者张贴在教室后墙上，供大家观摩、品评。

定期作文展评。每周作文练笔后，首先查看各组书写情况，书写潦草、篇章布局不佳者一定要个别辅导、督促重写；优秀者则张贴供赏析、借鉴。

高中历史情境教学策略研究
——课堂导入环节之情境设计

朱　霞
重庆天星桥中学

一、背景

伴随着新课程改革的不断深入，提高课堂教学的有效性成了广大教师研究的重点。突破传统教学模式的束缚，探索“以生为本”的教学模式是打造有效课堂的重要途径。为此，我们针对我校高中学生的学习心理和学习能力，结合历史学科的特点，进行了“高中历史情境教学策略研究”的课题研究工作。

二、问题

在课题研究中，我们发现课堂导入在课堂教学中起着承上启下的重要作用。一堂课刚刚开始，学生往往还沉浸在上节课的学习气氛中或者课间休息的兴奋中，精力不能集中，很难立刻进入课堂学习。课堂导入正是调整学生学习状态，使之投入本堂课学习的首要环节，而且恰当的导入还能起到提示学生了解本堂课学习内容的作用。但在实际教学中，导入环节却常常被教师弱化了，教师们经常采用的就是单一的“温故”方式，甚至有的教师抛弃了这一环节，直接进入新课学习，造成学生注意力不能及时转移到课堂学习上，影响了学习的效果。

三、提出解决策略

对于课堂导入环节中存在的问题，我们在研究中采取了以下的对策进行问题的解决：

（一）问卷调查我校高中历史教与学的现状，了解学生学习历史的心理

通过问卷调查，我们发现学生对历史学习不感兴趣的原因之一在于教师教学模式的单一化，除了问就是讲，学生们都希望教师能多采用情境教学。对于“上课开始，你喜欢老师以怎样的方式进入课堂教学”这个问题，几乎所有学生都选择了用图片或者视频的方式，说明我校学生在课堂导入环节中十分喜欢直观情境，对他们来说，视觉和听觉的刺激更能调动他们学习的情绪，提升他们学习的热情。

（二）学习教学情境设计的理论，为课堂实践做好准备

了解了历史教学中存在的问题，明确了学生的要求后，对于怎样合理利用历史资料进行课堂导入的设计，大家还是感到有些茫然。为此，课题组成员组织学习了“情境教学的基本方法和原则”理论，认识到创设情境一定要遵循这几个原则：

1. 目标性

情境设置是为了达成教学目标，因此，不可用大量花哨且与学习内容关联不大的情境，冲淡主要内容的学习和教学目标的实现。

2. 真实性

创设的情境不能脱离基本的历史史实，教师要利用真实的生活、社会中的事件使学生身临其境，加强感知，突出体验。

3. 针对性

教师创设情境要力求符合不同学生的情感和认知水平，要针对教学内容进行，同时又要能引发学生学习的兴趣。

（三）情境导入课堂实践，寻找适合学生学习和发展的历史教学模式

在理论指导下，我们课题组通过历史教学课堂，对导入环节的情境设置进行了各种实践。

如在教授“明治维新”一课时，教师用卡通片《聪明的一休》的主题曲和人物图片引入，一方面激发了学生的兴趣，另一方面通过人物图片，解读明治维新前日本的封建等级制度，认识明治维新的背景，一举两得。课后学生反映这堂课给他们留下深刻的印象。

又如，在上“戊戌变法”时，用了图配诗的导入，图片从视觉上冲击了学生，吸引了他们的注意力，而“无奈清季风雨交，外寇内患日飘摇。图存光绪瀛台冷，纵欲慈禧颐园骄。谁言危局无辅弼，敢有志士横刀笑。康梁鼓噪声方炽，武昌城头传巨炮”这首诗，又让学生了解了戊戌变法的时代背景。

通过不断实践，我们课题组针对我校高中学生知识基础较差、理性思维比较薄弱的特点，逐渐找到了一套课堂导入的情境设置模式——多采用直观的综合性资料设置情境，将教学内容融入情境中，让学生在好奇中自觉地进入学习状态。

“高三语文试卷批改评讲小组”的设置
——高中语文教学中“学习小组”的设置与效果研究案例分析

程昌艺
重庆市天星桥中学

一、问题的提出

高三阶段，考试相对频繁，语文考试的阅卷量又很大，教师一个人批阅两个班的试卷，在评卷的准确性和及时性上都会大打折扣。而学生在阅卷上往往不作任何参与，只是在最后听教师分析和评讲试卷。通过这种被动学习的方式，学生所做的思考大多仅停留于皮毛，其收获的东西也常常是片段的。与其如此，倒不如让他们尝试参与试卷的批改，让他们在老师的指导下，通过自主的批改和评卷过程去研究答案，分析得分点，从而深刻地理解和领会考点。

基于此，我们仔细研究了“新课程”改革中的有关理念，并把其中“学生为主体”的思想大胆地引入了高三考试的阅卷工作，让学生通过亲身参与阅卷、评卷，进而站在一个超越以往的高度去主动思考、主动学习。同时，还通过在阅卷时的互相借鉴来取长补短、查漏补缺；通过同学对自己的赞许和认同，来互相勉励、不断进取，从而达到自主学习和互助学习的双赢效果。

二、问题的分析

新课程改革强调发挥教师的主导作用，让学生成为学习的主体，这一教学理念不应只在非毕业年级推行，也不应只在日常的课堂教学中推行。它应该贯穿于整个教学的全过程。因而，在高三的考试阅卷和评卷中自主学习依然是一条值得去尝试和探究的道路。

在以往的考试中，教师很辛苦地去研究答案，阅卷，评讲，花了很多的精力，但是却收效甚微，一道题讲过很多遍，教师是滚瓜烂熟，可学生还是雾里看花。

现在让我们的学生针对自己的薄弱板块去研究答案，从而去推断考点，推断答题的思路，去发现常见的答题错误，去学习规范的答题语言，让学生能站在教师的高度去审视考题，从而能更从容、更轻松地应对考试。

三、具体策略

（1）分设“选择题”“文言文”“诗歌鉴赏”“现代文阅读”“语言表达”和“作文”批改讲评小组。

（2）由几位某考点最擅长的学生担任组长，带领着几位这一考点知识最薄弱的学生来批改并讲评试卷。

（3）改卷的时间可以安排在课堂上，把全班的学生分为几个批改团队，流水作业，保证每个学生都有改卷的机会。

（4）把答案和评分标准发给他们，让学生像教师一样研究答案，修正答案，研究赋分过程，最后得出考点和答题思路，总结答题的技巧。

（5）由改卷学生总结答题情况，并有针对性地进行评讲。教师只在其中做一个适当的引导和补充就可以了。

四、设置的效果

通过一段时间的训练，既起到了培优补差的作用，又加快了语文试卷的批改速度。更重要的是学生的考点意识更明确，知识掌握更牢固，答题思路更明晰，答题语言更规范，语文的综合素养得以提升。

学生能充分地感受到合作与分享的快乐，体验到语文课堂的美感和成就感。教师也从一些琐碎的事情中解脱出来，有更多的时间来学习、思考和实践，进而享受教学的乐趣。

对于教学方式的探索，每一个教师都应该去不断地思考和反复地实践。“土地只有不断的滋养，才会肥沃；树苗只有不时地斧正，才会参天。”可以相信，只要我们不懈努力，我们的教学行为必将有更大的收益，我们的学生也将获得更加广阔的发展空间。我们的工作将造就的不仅仅是自主自立的青年一代，更将是我们自主自立的未来。

在“玩”中调动学生提高体育技能的主动性
——小学体育游戏创编案例分析

张小虹
沙坪坝区上桥小学

一、问题的提出

游戏在体育教学中的作用已被人们所共识，也是教学中不可缺少的环节和手段，随着新课程改革的深入开展，小学体育课堂教学中如何提高学生参与技能学习的主动性和积极性，作为一名青年体育教师，在教学实践中我时常反思，觉得应该在以学生为主体的前提下采取不同方式的教授方法，引导孩子们在课堂中根据教学内容进行游戏的创编以此提高技能目标的达成，因此，如何在教学中适时“引导学生创编体育游戏”和改编现成的体育游戏使之更有效成为我研究的课题。

二、分析问题

以往以教师为主体的教学理念指导下的学生由于被动地接受教师的安排，被动地参与技能学习和游戏，思维被禁锢，使课堂教学显得毫无生气，学生也不能从中体验到学习的乐趣。久而久之，传统的授课方式不仅调动不了学生参与的积极性，也使我们的体育课丧失了原有的吸引力。

三、解决策略

我在成长课题“小学体育课堂教学中引导中段学生游戏创编研究”中，让学生在探索中发现问题，从而找到能调动学生参与动作技能学习的主动性的有效途径。下面以四年级“快乐短绳”一课为例。

（一）明确目标　积极引导

根据教学内容提出创编游戏的目标、活动要求，学生们根据收集的游戏素材开动脑筋进行游戏创编体验。

（二）小组合作　反复实践

在创编过程中，学生出现了以下的问题：①组内意见不统一；②组内分工不明确；③没有规则做保障，使游戏过程显得比较混乱且不安全。针对这些问题我在教学中做了如下的指导，让学生明白了创编游戏的基本步骤：

1. 动脑想

根据本堂课的教学内容，小组讨论想出和课堂内容相关的游戏。

2. 实践做

小组讨论商量制定出游戏方法和规则，并在小组内对游戏进行尝试练习。

3. 再修改

通过实践发现游戏规则和方法中的问题并找到更合适的解决方法进行再次修改。

4. 再实践

实践是检验真理的唯一标准，再次通过实践来检验游戏是否合格。

（三）体验学习 展示成果

学生们根据老师的提示和要求对游戏进行完善。展示中有用手中的绳在地上摆出圆圈进行跳跃组合练习的；还有用短绳围圈代替板凳，高兴地玩起“抢板凳”游戏的；更具创意的一组想到了“竹竿舞”，用手中的短绳代替竹竿，跳起了快乐的“竹竿舞”。学生对游戏方法和规则进行反复的商量和尝试，有的创编了三四次。

（四）交流评价 自我提升

由于是以学生互评为主，在各组交流展示过程中，大家都看得非常认真，还不时交流看法，争着发言。

通过研究，把课堂还给学生，不仅提高了学生技能目标的达成，而且学生的学习积极性明显提高。课题研究引领着我成长，让我的体育课更具有魅力！

如何提高学生的口算能力

曾莉娜
上桥小学

一、问题的提出

在教学实验中我们发现由于我校生源的特殊性，大多数孩子来自于外来务工人员家庭，孩子的父母为了生活疲于奔波，常常忽视了对孩子在生活、学习上的关爱；更有一部分孩子不得不成为留守儿童，照顾他们的只有年迈的、目不识丁的爷爷奶奶。然而在社会飞速发展的今天，我们都深切地感受到知识的力量，应该让这样一群孩子不放弃学习，不把学习当成一件困难的事，让他们在低年级阶段就能够打好数学学习的良好基础。口算是笔算的基础，没有口算基础的笔算是不存在的，一个学生笔算能力的强弱在一定意义上是口算能力的反映。

二、分析问题

从以往数学教学经验看，智商平常的孩子，如果勤奋好学，口算经过训练达到了较高的水平，中小学可取得比较优异的数学成绩。在实验中，我们发现单一的口算训练只会让学生觉得枯燥，这样就不可能保证口算的质量。在教学实践中要培养学生的速算兴趣，可以让孩子在游戏中学习，在学习中游戏，从而对数学学习产生兴趣。

三、解决策略

（一）课前开展多种教学形式，努力提高学生的学习兴趣

只有将口算教学与生动活泼的数学情境有机结合起来，口算教学才能真正体现其旺盛的生命力。由于我所在班级生源的特殊性，大多数家长都是放手让孩子自己在家里进行单独的口算练习，这显然是行不通的。于是，在每节课前我常常会花上3～5分钟的时间让孩子们通过开火车、对口令、出示口算卡片抢答等形式来调动孩子们的积极性，提高他们的口算能力，增强他们自觉练习口算的兴趣。

（二）课后成立学习小组，争取口算人人过关

由于学生的个体差异，他们对学习的接受能力也有很大的差别。一些学生

通过课堂训练后，口算能力就会有明显提高；但有一小部分学生，没有自觉学习的习惯，再加上接受能力稍微弱点，想要提高其口算能力，光靠课堂练习往往是不够的。于是，我们在课后组成了“一帮一”学习小组，一个口算小能手带着一个学习比较吃力的同学，利用课间时间通过“我说算式你说结果”或者“我说数你说算式”这种对口令的方式来加强口算能力的训练。一段时间后我发现，如果口算小能手比较负责，那么他帮助的同学的口算能力相对提高得比较快些。如果口算小能手不太负责任的话，下课后，大家都自己玩自己的，那么这个学习小组就没什么效果。所以在学习小组成立后，必须相应地建立一种帮扶制度、奖惩制度，并定期检查学习小组两个人的学习情况，起到一个监督的作用。

（三）组织学生开展游戏和竞赛，调动学生们的积极性

每个月我们班都会抽出一节课的时间，针对口算训练开展一些数学小竞赛，比赛题型分为必答题、抢答题、合作题等，答对一题加 10 分，答错一题扣 10 分，最后胜利的队伍会被评为口算小标兵。期末结束，会给大家一定奖励。孩子们对这样的比赛很感兴趣，很多孩子经常会问什么时候比赛呀，都希望自己所在小组能在比赛中获得第一。

提高学生的口算能力是一项长期的、经常性同时工作，教师必须从一年级开始训练孩子，并且教师自身必须对计算法则、运算定律运用自如，在指导学生的时候才能够得心应手。同时，学生也必须持之以恒，定时、定量地训练，绝不能三天打鱼两天晒网。

让语文课堂盛开质疑之花

余昌芹
重庆市沙坪坝区杨公桥小学

一、问题的提出

陶行知先生说过："发明千千万，起点是一问。"爱因斯坦也曾说过："提一个问题比解决一个问题更重要。"可见质疑能力对人发展的重要性。

在小组合作背景下的语文课堂，质疑更是成了每节课的重要环节，实践发现，语文课堂上的质疑往往呈现出以下不足：一方面，孩子们不会质疑，也没有质疑的习惯，好多孩子读了一篇课文提不出任何问题。另一方面，就算提了问题，也常常与老师的教学目标相隔千里，不着边际。

二、分析问题

多年以来，"老师讲，学生听"的教学模式，使孩子们习惯了"饭来张口"，有的甚至认为，上课只要不讲话，没影响老师上课，就可以自己做自己的，这就成了"饭来了也懒得张口"。

三、解决策略

如何指导学生提出有价值的问题，一度成了大家头疼的事，经过近两年的探索，我有如下体会。

（一）把质疑从一项学习任务变成一种学习习惯，激发质疑兴趣

要知道，提不出问题就是最大的问题，说明孩子还没有真正开动脑筋进行思考。我在每天的预习作业里规定，预习了一篇课文必须提三个问题，然后在小组内交流，每个小组再选三个最有价值的问题在班上交流，凡是提问提得好的小组都会加分。这样一来，孩子们提问的兴趣高涨，不仅知道怎么提问了，也知道了什么样的提问是有价值的，而且慢慢养成了提问的习惯，有时下课了，还争着要提问呢！

（二）创设民主、和谐的课堂气氛，鼓励质疑

民主和谐的课堂气氛是学生积极思维、提出问题的前提条件。在课堂上，教师可用幽默诙谐的语言消除学生在学习过程中的紧张感和焦虑感。让学生自由发问，即使开始提出的问题有些幼稚可笑、漫无边际，甚至离题万里，但也

不可以一言否之，应耐心地提示学生换个角度再想想，多一些宽容，多一些帮助，让学生大胆主动地提出问题。对于学生“标新立异”具有创新意义的质疑，教师要满腔热情地评价，给予鼓励。对于平时不爱提问的学生，哪怕只能提出一些简单的问题，也要给予及时的肯定，使学生体验到质疑的价值，产生强烈的质疑意识。

（三）教师要转变上课观念，留给学生足够的质疑时间

教师要转变观念，变课堂为学生的阵地。实践证明，每篇课文的知识点，只要你给学生足够的思考时间，孩子们往往会通过质疑自己解决，教师可只起一个点拨的作用。

例如，在上二年级下册《雷雨》一课时，教材参考书里把“垂”字的理解作为重点，要求孩子们感受“垂”字的准确性。有个孩子这样问道：“‘忽然一阵大风，吹得树枝乱摆。一只蜘蛛从网上垂下来，逃走了。’既然风这么大，蜘蛛又不是很重，早被吹斜了，为什么会是垂下来呢?”孩子的一个问题，引发了大家的思考。在孩子们的讨论声中，“垂”的意思自然理解了。一个平时善于观察的孩子发言了：“蜘蛛的网通常结在比较避风的角落，估计蜘蛛没被大风吹着吧?”经他一说，好多孩子都说要回家观察一下，到底是不是这样的。

这样一来，不仅解决了课文的重点，还远远超出了重点，学生的学习态度从“要我学”转变为“我要学”。学生有质疑的天性，只要多给他们质疑的机会和空间，他们就能在质疑这条路上走得更广、更远。

（四）教给孩子质疑的方法

“授人以鱼，不如授人以渔”，当前学生无疑可问的另外一个主要原因就是没有掌握质疑的方法，不能发现问题，总觉得没有问题可问，针对这种情况，我们可以这样引导学生：

1. 从课文题目质疑

课文题目往往是文章的眼睛，可以从课文题目开始质疑。例如在教《玩出了名堂》一课时，学生看到题目就可以问“是谁玩出了名堂?”“他是怎么玩的?”“他玩出了什么名堂?”等问题，从而产生读文章的兴趣。

2. 鼓励学生结合生活实际提问

鼓励学生读课文时边读边思考，结合自己的生活实际，主动去发现问题。如在教学三年级下册《路旁的橡树》时，有孩子就提道：“工程师为了一棵橡树就改变了修路的图纸，可是道路变弯曲后，更容易出车祸，我认为人的生命比树的生命更重要，为什么不想一个两全齐美的办法呢？比如把橡树移栽到旁边也可以呀?”孩子的提问不无道理，我及时鼓励他敢于向教科书质疑，于是，课下孩子们就这个问题又进行了深入的探讨，进行了思维的碰撞，因为质疑，他

们收获了更多。

3. 在结尾处留疑

一节课下来，如果学生一点想法也没有，没有一点想继续深入探索的欲望，这种教学是不成功的。课的结尾如果能提出一些激发学生兴趣的问题或者让学生把所学的内容应用到实际生活中去，这样的课就显得余味无穷。

例如，在讲三年级上册《风筝》一课后，学生问："那后来，幸福鸟找到没有呢?"这一问激起了孩子们的求知欲，课后他们对这个问题进行了讨论，还根据自己的想象写了一篇续写。

质疑能力的培养并非是一朝一夕的事，教师要经常抓住机会，努力培养学生的质疑能力，最终形成质疑、释疑的学习氛围，让全体学生在掌握质疑方法、获取知识的同时，能力得到培养，智力得到发展。

小学科学实验器材准备问题与对策探析

李燕红
沙坪坝区第一实验小学

小学科学实验器材的准备是课前必不可少的一件事情，也是科学教师备课的一个重要组成部分，但同时也是科学教师所面临的一大难题。本文就此谈谈自己的几点思考。

一、小学科学实验存在的困境

实验是小学科学课教学的重要载体，几乎每一堂课上都会有实验。实验器材的充分准备是开展教学的首要条件和关键。然而在当前的小学科学教学实践中，普遍存在着实验器材准备不足的问题和现象。实验器材准备不充分直接导致课堂教学活动无法顺利开展，学生的科学兴趣和探究技能得不到提高，教学任务和目标不能很好完成，教学质量得不到提高。

二、科学实验器材准备不足的原因分析

（一）课程安排紧凑，时间不足

当前小学科学教师的课时量一般为满课时，一位专职科学教师一般任教八个班，每班分八个实验小组，算起来，一节新授课就要准备六十四组实验器材。而每位科学教师的课基本上都是两节或三节连堂，这样使得中间和后边的课基本没有课前和课间准备材料的时间，使得上课非常匆忙。例如，《分离食盐与水的方法》一课，需要的实验器材比较多，前一节课上完必须马上清洗所有的实验器材，并准备下一节课的实验器材，短短的几分钟时间，老师往往忙得像陀螺一样，一不小心，就会造成器材准备不足的问题。

（二）内容丰富，材料繁多

小学科学的内容包罗万象，因此实验很不固定，而且很多实验的材料需要教师们千辛万苦地去挖掘和找寻或者需要花很多时间来准备。例如，三年级科学的学习内容主要是观察植物、动物和认识材料等，就需要老师在下班之余去找寻或购买相应的实验材料；又如，四年级科学《溶解》单元，需要的材料不算多，但在《不同物质在水中的溶解能力》和《100 mL 水中能溶解多少克食盐》这两节课中，需要提前准备上千份食盐和小苏打，准备的时间比上课还要多。

三、科学实验器材准备不足的对策

实验器材的准备问题也成了我教学中的一大难题，虽然是新教师，但我深深体会到如果实验器材准备问题不解决好，科学课堂教学很难开展，教学质量也难以提高。要如何解决这些问题呢?

（一）提前准备

材料的准备，有时不是一下子能全部到位的。在准备时，可以以一个单元为单位，先花一定的时间梳理，列出清单，再一一准备。

（二）选好助手

每班除了选取一名科代表外，再选两位对科学兴趣浓厚的学生作为小助手。小助手必须在下课之后第一时间赶到实验室，帮助老师一起准备实验的材料，尽可能缩短材料准备的时间。或者约定一个时间，对将要用到的实验器材进行准备。经过一段时间的尝试证明，选好助手很有必要，而且很实用。

（三）避繁从简

在分析教材、准备实验器材的时候，若遇上材料准备非常困难、麻烦时，教师可考虑在同样达到探究培养目的的前提下，更换材料或改变实验，让实验器材的准备更省力、简便，从而节约实验器材准备的时间。

（四）学生准备

在无安全隐患的情况下，很多材料可以由学生自己准备，而且学生也都很愿意去做这些事情。这大大节约了材料准备的时间。

通过采取以上策略，科学实验器材的准备不再是一个大问题，能很大程度上减轻科学教师的工作负担。

合理的分组让卓越体育课堂更有效

吴胜军
歌乐山小学

一、问题提出

上学期，我校2012级转来一位女生，上体育课的时候经常发现她借故请假或者活动的时候不参与讨论实践，测试成绩很不理想。课后我找到她，问她为什么上课不积极参加活动，最开始，孩子很害怕我问她这个问题，采取回避或者不说话的方式。在我的多次鼓励和启发下，她才打开了话匣子：“其实我很喜欢体育活动的，可我长得比较胖，做起动作来很吃力且不好看，同学们都不愿意和我一组，还会笑话我，所以慢慢地就不想参加体育活动了。”

二、分析问题

在孩子的班主任龚老师处我了解到，该同学原来是一名留守儿童，长期和外婆生活在一起，又因为比较胖，产生了自卑心理，不喜欢与人交流、合作。特别是上体育课的时候经常受到同学们的贬低和嘲笑。

如何帮助她克服自卑心理，走出阴影呢？

三、提出解决策略

2013年3月，我申报了“小学低段体育课堂教学中分组教学的有效性实践研究”教师成长课题，并顺利立项。而分组教学的本质特征就是承认学生的个体差异，追求学生个体的教育平等性，为学生搭设个性化的发展平台，关注学生的需要和感受，激发学生学习、做事的信心，享受学习的快乐。

我想，正好通过这个课题的研究，来帮助这个孩子克服自卑心理，学会自信。在后来的教学及日常活动中，我仔细寻找该生的闪光点。不久，在上体育课时，我发现该同学乒乓球打得不错，特别是扣杀动作灵活自如，速度快，她也显得很快活、自信，这使得许多同学向她投去了佩服的眼光。针对该生的情况，结合我区“‘学本式’卓越课堂”的要求，在体育课上，我及时表扬了她，并进行了学生学习共同体小组的调整，让她变成第六小组的组长（第六小组整体身体素质较差），带领同学学习打乒乓球，与大家共同探讨乒乓球的技巧。在活动中，小组内的同学纷纷向她询问起来。老师的表扬、同学的鼓励给这位同学装上了自信的翅膀。这天的体育课她上得很投入，与同学合作得也很愉快。

解散后，在回办公室的路上，她突然跑到我前面，乐呵呵地问我："吴老师，你觉得我们小组今天的表现如何？"刚开始我很惊讶，但是为了表达出我对她的认可，我微笑着说："这节课你们小组在你的带领下表现确实很出色，看来你有这种能力呀，你很灵活，很乐意帮助同学们，你也看到了，大家挺佩服和喜欢你的，怎么，不相信自己的能力？""吴老师，真的很感谢您，是您和同学们给了我信心和勇气，感觉同学们没有看不起我，我在体育课上也能得到同学们的掌声，今天我真开心，谢谢您。"我听了她的话，很欣喜，接着鼓励她："在体育课堂上只要主动参与、积极练习，就一定能获得快乐，获得成功。"她欢跳着跑开了。在以后的体育课上，该同学的自卑心理渐渐消除，她不再往后退了，而是融入集体的大家庭之中，不懂不会的主动请教，反复练习。同学们觉得她变了，与她合作、交流的人越来越多。同时课堂上我也留心观察她，有时提醒她一下，有时带她一下，有时和她一块练习。对于特别难的动作降低动作标准和动作要求，让她尽力去完成。经过一年的努力，她的体育成绩从入学时班里后几名跃到前几名，她不仅自己积极地投入到体育锻炼和活动中，而且还带动和帮助她所在小组的同学一起积极地投入活动，她所在的小组在很多项目考核中还居前茅。

这样一个很偶然的事例，让我深深理解到卓越体育课堂教学中实施有效的分组的重要性，它可有效地调动学生练习的积极性、发挥分组的有效作用，让学生喜欢上体育课。任何一项学习活动，如果是出自学生"愿意"而不是被强迫，学习效果将会大不相同。我们体育教学并不是一味地传授知识，更重要的是让学生学会自信、学会思考、学会做人。相信在我的体育课堂上，"学困生"越来越少，喜欢体育但不喜欢体育课的现象会慢慢消失。

“情感—信任”对小学低段学生朗读训练的意义

李红梅
重庆市沙坪坝区第一实验小学

一、问题的提出

语文课程标准指出：小学语文要注重培养儿童的听说读写能力。语文教学大纲提出了朗读教学的三个要求：正确、流利、有感情。对于小学低段性格内向或是缺乏安全感的孩子，如何培养学生与教师之间的感情，通过师生之间和学生之间的情感交流在紧张冲突的关系中营造一个信任的环境，让他们能够自如自信地放声朗读，并通过朗读感悟课文获得语文能力和审美体验就显得尤为重要。

二、分析问题

朗读是把文字转化为有声语言的一种创造性活动，一种眼、耳、脑同时并用的思维和语音综合运动。就语文学习而言，朗读是阅读的起点，是理解课文的重要手段，是学生用自己的声音把对课文的理解和感悟表达出来的一个过程，同时也是学生获得语文能力和审美体验的重要途径。小学语文教学中，朗读是培养语感最重要、最经常使用的方法之一。我国从古代开始就非常重视朗读，“书读百遍，其义自见”，又有“熟读唐诗三百首，不会作诗也会吟”。学生在朗读过程中，通过语言文字展开想象，在想象中感悟语言，语感便在此过程中逐步养成。

在充满着矛盾和冲突的师生关系中，学生相对处于一种弱势的状态，他们会因为教师的言行举止判断教师对自己的感情，各种因素都会给学生带来焦虑感。尼可拉斯·卢曼认为，信任主要表现为一种态度，它不纯粹是一种认知，情感、意志等人格因素是信任必不可少的内容，情感构成与其他人发生信任关系的基础。[1]安东尼·吉登斯认为：信任是对于一个人或一个系统之可信赖性所持有的信心，这种信心表达他对诚实或他人的爱的信念。[2]从教育的视角看，信任是教育诸种关系中最基本的关系，它存在于教育的一切互动之中；信任最重要的性质在于它的关系性。在信任里，已知和未知、危险与安全、自我与他人、人与世界都是密切联系的，是可以相互连接的。[3]对于常规的教育主体——师生之间的关系，建立师生之间的信任关系，培育教育主体之间的美好感情是教育的立足点。师生之间的人际信任为学生对以知识为主体的抽象体系的认识创造了必要的条件。[4]

三、解决策略

（一）以爱培养师生之间的情感，建立信任的关系

雷夫·艾思奎斯老师的第56号教室之所以特别，不是因为它拥有了什么，反而是因为它缺少了某样东西——这里没有害怕。雷夫老师曾对孩子们忠告说："你永远无法真正了解一个人，除非你能从对方的角度看待事物……除非你能进入他的身体，用他的身体行走。"[4]作为班妈妈，回想起课间围绕在身边和在远处看着老师的孩子们，那不是他们胆怯地在试图搜寻老师的爱么。作为教师，我们该用耐心呵护、积极沟通的态度来面对所遇到的问题，以爱培养师生之间的情感，建立信任的关系，营造充满信任的氛围。只有在充满信任的氛围里，孩子才能放开地表现自我，师生才能积极参与、合作创造。此外，当学生在朗读中出现小错误时，教师和其他同学一定不能粗暴地打断和嘲笑。首先，教师应该自然亲切地给予肯定与鼓励，消除孩子顾虑后再指出错误的地方，指出克服错误的方法，这样才能在保护学生兴趣和信心的基础上真正提升学生的朗读水平。

（二）在教学中采用多种形式的朗读

小学低年级孩子注意力的稳定性差，好动、喜欢有兴趣的事物。这就要求在培养师生良好的关系之外，还应在教学中采用多种形式的朗读，如自由朗读、指名个别读、分小组读、分角色表演读等，这样更容易让学生带着兴趣和感情去朗读，而不再是被动、枯燥地朗读。

（三）教师示范朗读

此外，要培养学生"正确、流利、有感情"朗读课文的能力，教师的示范朗读非常重要。心理学告诉我们，人的感情是在一定的情境中产生和发展的，因此我们的朗读教学也应顺应这一规律引导学生。教师声情并茂地朗读，孩子们通过教师的语气、语调及表情感受课文的真情实感，感受鲜明的形象或场景，通过想象体验情感，最终与教师、作者和书中人物产生共鸣，这样的感染和共鸣将对学生产生潜移默化的熏陶。

信任把教师和学生联系在一起，形成了某种亲密的个人关系，并构成了防御外在危险的重要屏障。相信只有在信任的氛围下，学生的朗读水平才会向着良性的状态发展。

参考文献

[1] 尼可拉斯·卢曼. 信任：一个社会复杂性的简化机制［M］. 上海：上海人

民出版社，2005.
[2] 安东尼·吉登斯. 现代性的后果［M］. 田禾，译. 南京：译文出版社，2000.
[3] 曹正善. 信任的教育学理解［J］. 四川师范大学学报，2007 (7).
[4] 雷夫·艾思奎斯. 第 56 号教室的奇迹［M］. 卞娜娜，译. 北京：中国城市出版社，2009.

立足一日生活养成幼儿自我管理习惯研究

李　芳
沙坪坝区实验幼儿园

《幼儿园教育指导纲要》给我们提出了适应时代发展要求的新理念，《3～6岁儿童发展指南》为幼儿的发展提供了强有力的依据。随着幼儿教育改革的推进和深入，“一日生活即课程”的观念日益为大家所接受。借着沙坪坝区成长课题的平台，我们立足幼儿的一日生活，对幼儿自我管理习惯的养成进行了初探。

一、问题的提出

苏霍姆林斯基说过：“真正的教育是自我教育。”幼儿自我管理得以进行的前提是唤醒幼儿的主体意识和自我管理意识。而现在6比1的家庭教养模式，让孩子们在家长过分的包办、代替的溺爱中被剥夺了许多自我管理方面锻炼的机会，而过分重智力轻习惯培养的教养方式更是让孩子们对本该自己管理的事情疏于去做，更懒于去做，长此以往，孩子们表现出自私、任性、丢三落四、做事缺乏计划性、拖拉、磨蹭等不良的习惯。如何来培养幼儿良好的习惯，学会自我管理就显得尤为重要。

二、问题分析

随着研究的深入，我们意识到幼儿良好习惯的养成不是一朝一夕就能完成的，而是一个长期的、循序渐进的过程，必须要渗透在幼儿一日生活的始终。同时，单纯依靠教师和幼儿园是远远不够的，幼儿园、家庭、社会都要努力为幼儿创造一个有利于养成良好习惯的氛围，使幼儿在耳濡目染、潜移默化中逐步养成自我管理的好习惯，为一生的发展打好基础。

三、问题解决

经过一年的研究，对幼儿自我管理习惯，我们有了自己的认识。

（一）“1+1+1”的特色模式，即一日常规+主题活动+特色活动

1. 一日常规活动为主

习惯养成教育生活化，依附幼儿一日生活的各个环节进行引导教育。自我管理习惯不能一蹴而就，更不是靠一个活动就可以马上见效的，它是孩子生活的一部分，必须在生活中得以体现和固化。我们把幼儿园作为习惯养成的阵地，

不放过每一个养成的契机，并让幼儿在幼儿园的一日生活中形成良好的常规，帮助幼儿养成按时入园、按时午睡等良好的作息习惯，不挑食、保持衣物干净整洁等好的进餐习惯，不拖拉、懂得时间管理、物品分类存放等生活习惯。

2．主题活动为辅

习惯养成教育主题化，主题活动课程化，从而系统、科学地对幼儿进行良好自我管理习惯的培养。在研究生活化以外我们还注重研究的活动化。幼儿园活动是针对性较强的活动，尤其是主题活动有着更为明确的目标和具体实施方案，它是实现幼儿自我管理习惯的一种重要方式。我们将幼儿的自我管理与主题活动相结合，以主题线索和网络来系统地开展幼儿的自我管理教育。如“安全伴我行”的主题活动，让幼儿了解了一些安全的基本常识，掌握了一些幼儿自我保护的方法，于实践中真正地懂得了自我保护。如“不一样的我”和“我的事情我做主”主题活动，孩子们通过几个维度了解、认识了自我，并有了很强的自我意识，愿意自我服务，尝试制订周末和假期计划等，懂得了合理分配自己的时间，并按计划去完成。

3．特色活动为补充

除此之外，在实践中我们不断反思，并开展一些特色活动，以特色活动为补充，来帮助幼儿习惯的养成。如以主题为背景的区域活动的开展，让幼儿制定规则并学会自我控制、自觉遵守规则等，如“图书漂流”活动让幼儿懂得按序借书、按时归还、爱护图书等，如“任务之星”“我来竞选”等特色活动，为孩子们搭建了更多的平台，孩子们的一些自我管理能力得到了锻炼和促进。

（二）积极探索有效的教育策略

1．创设氛围，激发幼儿自我管理的愿望

任何养成教育都需要一个环境和氛围，幼儿的自我管理也不例外。在实践过程中，小组成员注重孩子自我管理的氛围营造，如进行“值日生自我推荐”，让孩子们通过同伴间的互助影响、榜样示范以及激励促进等作用，为孩子们的自我管理创设一个良好的班级文化氛围，让孩子以能很好地自我管理为荣，主动地去规避和改掉一些不好的习惯。

2．给予时间，耐心等待幼儿习惯养成

习惯的养成是一个长期的过程。同时我们在研究中发现，对于5～6岁幼儿来说，一些习惯养成还会有反复的现象，如孩子们在园养成了规律的作息、合理的饮食习惯等，假期回来就会有回潮现象。有的时候，有可能这个孩子前几天在这方面能很好地自我管理，这几天又有些退步，或者在另外方面做得比前几天又要好些；有的孩子在幼儿园做得很好，但是在家里的表现家长反映又不好，等等。由此，我们得出，不能急功近利，教师和家长必须耐心，正确地看

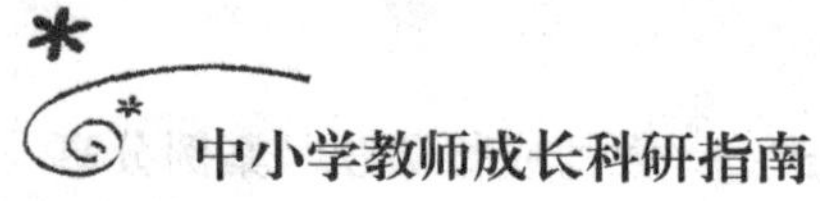

待幼儿习惯养成的问题，给予孩子成长的时间，学会等待他们的变化。

3. 创造平台，教给幼儿自我管理的方法

成长需要平台，孩子在学习自我管理的过程中同样也需要一些机会。我们创造一些机会，让孩子们在其中感受自我管理的一些基本方法，得到自我管理的一些较为具体的针对性的训练。如“动手大比拼”“折衣服”“整理书包”比赛等，激发孩子参与竞赛的热情，让他们通过竞赛得到锻炼，提高其自我管理的能力。

4. 家园合力，共同促进幼儿自我管理

家长永远是教育的主导者，是幼儿园教育的同盟军。从最初问卷调查中，我们更进一步了解了孩子的情况，意识到孩子的自我管理是家长们最为棘手也是最大的困惑，是迫在眉睫尚待改善的问题，由此确定了研究的目标和方向。同样，在研究过程中，家长的鼎力支持是我们研究得以顺利开展的坚强保障。研究中我们注重家长的同伴共育作用，通过家长会、家长开放日、QQ群等网络平台加强与家长的沟通，让家长了解我们的研究，认同我们研究的价值，并积极主动地参与到孩子的自我管理习惯的培养上来。家长们与我们达成了共识，重视孩子的习惯养成，学会去放手，给予孩子更多锻炼的机会，更好地促进了孩子们良好习惯的养成。

生活即学习。立足于一日生活，养成幼儿的自我管理习惯，不仅有利于孩子的成长和进步，更有利于孩子终身的发展，这也是我们幼儿教师努力的方向。

幼儿园中班数学活动区材料投放的有效性研究

——中班数学活动区游戏材料的分层投放

王　璐

重庆市沙坪坝区实验幼儿园

一、研究背景

本课题组申报的“幼儿园中班数学活动区材料投放的有效性研究”课题，经沙坪坝区教育科学规划领导小组批准，被确立为2012年教师成长课题。我们旨在通过此课题的研究探索，促进教师成长，让中班数学活动区丰富起来，使材料的用途最大化，幼儿发展最优化，为开展主题活动下的数学活动区活动提供有力的支持和推进。

二、分析现状，确立本课题研究的核心问题

在主题活动背景下开展活动区活动是目前我园正在探索和实践的课程模式，在此前提下我班的数学活动区活动已在小班开展近一年，我们在这一年的实践活动中发现了一些问题，如数学活动区游戏内容不够丰富、材料比较少、游戏玩法单一、幼儿对材料使用率不高等。其中活动材料是数学活动区的物质支柱，材料的有效投放是目前我们亟待研究和解决的问题，也是本课题的切入点。

三、研究片段

（一）活动中冲突的起因

星期一上午，孩子们又开始进行喜欢的区域活动，活动铺开后我来到了数学活动区——手指套圈活动组，锦锦、浩浩和睿睿三个小朋友正在给自己选的手掌模型套圈，大家你一言我一语边玩边说，看起来气氛很好，我放心地走开了。

过了几分钟后，睿睿跑到我身边来告状，说浩浩把他的手掌模型弄坏了，怎么回事呢？我跟着睿睿来到手指套圈组想问清楚是怎么回事，浩浩看我走来有点小紧张，赶紧说：“老师，我和他在一起玩用手掌对拍的游戏，不是故意弄坏的。”

（二）分析出现问题的原因

孩子们只玩了几分钟就对此游戏不感兴趣了，注意力转移到运用材料来玩

其他的游戏，说明这个活动中的材料已不吸引幼儿。

（三）调整方案

老师和幼儿一起把弄坏的材料修补好。

结合目前我们数学集中教育活动正在进行 10 以内数的点数和数物对应，将原来手掌模型上的一个数字（图 1）改变为每个手指上一个数字（图 2），数字由原来的 1～5 增加为 1～10，难度比以前有了较大的提升。

图 1

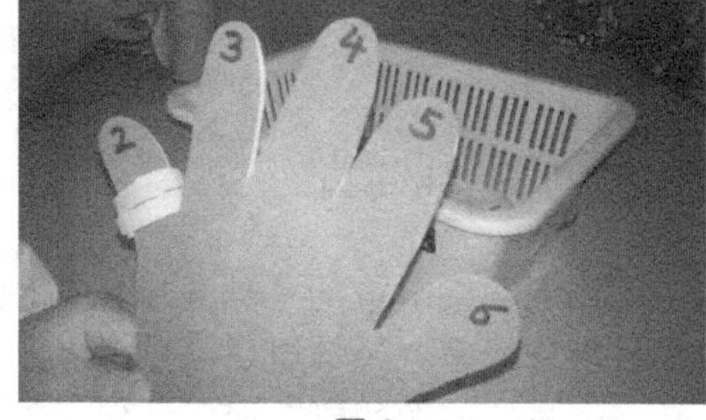

图 2

由于每个手指上的数字变大，原来的圈套上去显得太宽了，圈的宽度也需要改动，本着节约材料、提高使用率的原则，可以将部分圈每个剪成 2～3 个，再根据手掌模型的颜色，配上同色的新圈（图 3）。

图 3

结合民间游戏——套圈，设计新材料和玩法（图 4），把桌面游戏逐步向运动游戏过渡，从精细动作发展过渡到全身大动作。在游戏过程中分层投放多种材料，幼儿尝试选择自己喜欢的游戏形式和材料来完成游戏任务。不同喜好和不同水平的幼儿都能在活动中找到适合自己的材料。

图 4

（四）材料分层投放的好处

分层投放材料应首先考虑材料的分层设计，包括形状、颜色、数量、玩法、规则、难易程度等，这些都会对活动效果产生影响。教师要观察和分析幼儿的实际发展水平，投放适合幼儿发展的不同层次材料，当发现材料不能满足幼儿的需要时要即时做出调整，设计出新颖的多层次材料，保证不同水平幼儿的活动需要，促使活动顺利向前推进。

通过课题的实践研究，我们的数学活动区逐渐丰富，参研教师对材料投放有了全新的解读并运用于实践中，幼儿与材料间的互动效果很好。